Psychosynthesis

サイコシンセシスとは何か

自己実現とつながりの心理学

平松園枝
Hiramatsu Sonoe

Transview
トランスビュー

サイコシンセシスとは何か——自己実現とつながりの心理学——＊目次

装幀　下野剛

サイコシンセシスとは何か

―自己実現とつながりの心理学―

はじめに

この時代をどう生きるか

本書は、「愛と魂と意志を持った心理学」として知られるサイコシンセシスを紹介するものです。サイコシンセシスは、かつては「精神統合」、今では「統合心理学」と呼ばれるもので、いわゆるトランスパーソナル心理学の最初の枠組みを作ったと言われています。トランスパーソナル心理学というのは、ごく簡単に言うと、個人を超えた領域や、超越的なもの、また霊性なども対象とする心理学のことです。

サイコシンセシスは、一九一〇年に、イタリアの精神科医ロベルト・アサジオリが、その原形を発表しました。これは心理学の一分野であり、心理療法として知られてきましたが、現代ではもっと広い意味を持っています。

環境問題や世界各地の戦争、グローバル規模の経済問題など、私たちは、自分たちがこれまでに創りだした文明によって、存続の危機に瀕しているといわれています。日本も、政治、経済、外交など、国としての大きな問題から、教育や少子高齢化、「心の問題」といわれる、暮らしや個人に関わるものまで、大小多くの深刻な問題を抱えています。先進国の政治や経済のこれまでのあり方を見直し、持続可能な社会を求めて、現代文明を根本から見直そうという動きもあります。

大きな視点から見れば、

「社会、人類、地球環境などの諸問題にどう向きあえばよいのだろうか」

「持続可能で平和な、希望ある世界にしていくために、私たちは何ができるのだろう」

という問題があり、これらはかつてないほど切実なものになっています。

今こそ、私たちの未来への「意志」が問われているといえるのではないでしょうか。

サイコシンセシスは個人から出発して、そういう社会や世界の大きな問題の解決法を導き出す可能性があるものです。

アサジオリの問題意識

アサジオリは、二〇世紀のはじめに、「文明や科学技術が発達し、物質的には豊かになったが、それで人間は幸せになっただろうか。心は枯渇しているのではないか」、「人類が自分自身の業績の犠牲になる危険があるのではないか」と危惧していました。

そして彼は、「すべての危機に共通する本質的なことは、〈人間のあり方〉である」と考えました。

「私たちは本来、どういう存在なのか」

「私たちはどのように生きればよいのか」

彼は、こういう人間存在の本質、つまり人間の「真のアイデンティティ」を探求したのです。アイデンティティとは、自分が何者であるかを、感じたり認知したりするときの、その認知される者のことです。アサジオリは、アイデンティティに基づく人間本来のあり方、人生の目的や、何を拠りどころとして生きるかという、今日、より切実になっているテーマを探究したのです。

本文で詳しく説明しますが、それはまた彼にとって、自分の人生をどういうふうに主体的に選択していくかという、「意志」の問題でもありました。彼は現実を冷静に観察し、現実の私たちは「自分のアイデンティティをどう感じたり、認識したりしているのか」、私たちは「どのような意志によって動いているのか」という問題を追究したのです。

彼は、自分自身の体験や直観と、古今東西の哲学や宗教に関する膨大な研究から、人間の本質やその人の人生、また他人や世界との関係を、本来、愛と喜びに満ちたものととらえ、信頼と希望を持っていました。

「無意識とエネルギー」の視点

しかし一方、現実の問題を前にして、アサジオリは、「テクノロジー自体は悪ではない。もし悪をもたらすとすれば、その使い方と、それに振り回される人間の方に原因がある」と考えました。そして、何が人間本来の素晴らしさを阻害しているのかを探究するために、医学を学びました。彼は、「外の世界に対する知識と力と、自分の内なる世界に対する知識、そして自分自身を操作する力との間に、大きなギャップがある」ことに注目しました。私たちは大きな無意識の世界を持ち、それに振り回されて真の自己を見失っているために、個人も社会も対立と葛藤をくり返し、「持っているエネルギーが方向づけられずにバラバラになっている」と考えました。彼は問題の核心を、「無意識とエネルギー」という、精神分析の視点でとらえたのです。

そこで彼は、「自分の内面世界のことをよく知り、内的な力、特に意志を喚(よ)び起こすこと」が大事であると提言しました。彼は、私たち一人一人が、外の世界ばかりでなく、内面の世界にも意識を向け、そこでの気づきにもとづいた「意志」を発揮することで、真のアイデンティティを表現し、真の自己実現に向かうことができると考えました。それが、究極的には文明の危機を回避するだけでなく、人類全体の自己実現にもつながると考えたのです。

自己実現のプロセスは、本来は自然に起こるものですが、現代ではしばしば、自分の中のブロックに気づかないために、それが阻害されています。そこで「無意識」に光を当ててこれに気づき、「真のアイデンティティの感覚」と「意志」を喚び起こすことにより、それが可能になると考えたのです。そして、このプロセスを意識的に導き、支援すべく、精神医学や心理学の知恵を活用して、サイコシンセシスを開発し、提唱したのです。

「ホール（全体）」へのプロセス

このプロセスは、従来の精神医学や心理学でいえば、「分析」の段階から始まります。サイコシンセシスではこれを経て、さらに主体としての個を確立し、成長し、自己実現へと進んでいきます。つまり、「癒しから自立・成長へ、そして自己実現へ」というのが全体のプロセスです。サイコシンセシスはこれを、内と外が調和し、エネルギーが方向づけられ、有効に機能する「全体（ホール、whole＝全人的存在）」へと「統合」していくプロセスととらえています。そしてこのプロセスを、本文で述べる「地図」や技法を活用して促進します。このプロセスが分析から統合へと進むので、精神分析（サイコアナリシス）に対して、統合心理学（サイコシンセシス）と呼ぶことにしたのです。

ですから、サイコシンセシスは、病的な症状や問題を持つ人だけでなく、一般の人々にとっても、人生の良きガイドになります。さらにまた医療や教育を、目的に向かって体系づけ、それぞれの意義を大きな枠組みでとらえる上でも役立ちます。

サイコシンセシスは、教育の基盤になる人間観を確立し、自己実現に向かうあり方と、その育成プロセスを示すものとして、実際に教育に活用されてきました。私は、医療の現場経験から、教育の重要性を知ると共に、サイコシンセシスは教育に役立つことを実感し、「遅ければ治療（セラピー）、早ければ予防、そして最も早い予防は教育である」と提唱しています。

しかし、こんなふうに考える人たちもいます。心理学などは結局、気の持ちようという話になりがちで、現実の問題を解決するどころか、むしろ問題から目をそむけさせるものだ、と。私は、こういう人たちにこそ、サイコシンセシスを知ってもらいたいのです。アサジオリの開発の意図からもわかるように、個人の自己実現に向かう生き方は、究極的には人類の自己実現につながる第一歩だと考えられます。人間は一人一人が個別の人生を歩んでいるのですから、まずそこを大事にし、そこから出発するしかないのです。

宗教と科学の統合

これまでの宗教や哲学が説いてきた個人の心の平安は、実際にはどうすれば得られるのか。さらにそれが、文明の問題や世界平和の構築とどうつながってゆくのか。そういうことのために、自分ができることをしたい、何か貢献したいと考えている方、自分の役割や生きがいを大きな枠組みでとらえ、希望をもって生きたい方、個人と集団のあるべき姿を探ろうとするリーダーの立場の方たちにとって、サイコシンセシスはとても良いガイドになると思います。

サイコシンセシスは「宗教と科学の統合」ともいわれ、スピリチュアリティ（広い意味での精神性、霊性）を重視している点で、宗教や哲学に通じます。ただしアサジオリは、これを宗教の教義のように一方的に与えられるものではなく、自分で実践を通して証明していく仮説理論と多彩な道具や実践体系を備えた、人間科学として提唱したのです。従来の心理学や精神医学が扱わなかったスピリチュアリティや主観的体験を科学の対象としたことは、当時としては画期的なことであり、サイコシンセシスの重要な意義です。

「態度」は変えられる

以上は、狭い意味での「心理学としてのサイコシンセシス」です。では広い意味でのサイコシンセシスとは、いったいどういうものでしょう。それは一言で言うと、「あらゆる分野における、統合にいたるプロセス」のことです。アサジオリは、「サイコシンセシスは、あらゆる分野で統合に向かっていく態度である」と言っています。また、「自分と他者と世界に対する態度（姿勢）を肯定的にする」、「サイコシンセシスとはその態度である」とも言っています。

ここでいう「態度」と「統合」は、サイコシンセシスの根底にある重要な概念です。態度は、ある対象のとらえ方や感じ方に影響されたその人の「あり方」で、目に見える行動の根底にある、「見えないもの」です。

私は、医療やワークショップなどの経験を通して、医療でも、教育でも、社会のさまざまな問題を考える上でも、根底にある私たちの「あり方」、つまり「態度」が重要であることを痛感してきました。そして、「態度」を肯定的に変えることのできるサイコシンセシスの意義を、実感し続けてきました。

本書は、簡単なエクササイズやいくつかのケース（事例）を紹介しながら、サイコシンセシスが理解できるように編集してあります。サイコシンセシスの理解を深めていただくために、本書ではアサジオリの言葉を引用しながら、彼の思考をたどり、それに私自身の経験と考察を加えて説明するという方法を取ります。

第1章　アサジオリのサイコシンセシスとはどういうものか

創始者アサジオリについて

アサジオリは、一八八八年、イタリアのヴェニスに生まれました。父は小児科医、母は神智学協会員でした。「神智学協会」というのは、一八七五年にオルコット大佐とヘレナ・ブラヴァツキーが創設したチベットの秘教を奉じる集団で、西洋に東洋宗教をもたらすうえで大きな影響がありました。

アサジオリはこういう両親のもとで、科学を重んじながらも、スピリチュアルなものも受け入れ、人間存在や世界を肯定的に見ていたようです。彼は小さい頃から語学に優れ、英語、フランス語、ドイツ語など西洋の現代語から、ギリシャ語、ラテン語、サンスクリット語の古典までをマスターしました。

彼は、時代や文化や宗教の違いを超えた人間の本質とは何か、人生の目的とは何か、他者や世界との関係は本来どうあるべきか、といった哲学的な問いを、若いときから持ち続けていました。十五歳でヴェニスの雑誌に論文を投稿した彼は、十八歳までに八カ国語をマスターし、ロシアを含めヨーロッパ各地を旅行し、多くの人たちと交流しました。彼はまた、至高体験や悟りと呼ばれるようなスピリチュアルな体験を、十代のときにしたといわれます。

アサジオリは小さいときから西洋古典や神智学に親しみ、また古今東西の宗教や哲学を学び、さらに鈴木大拙（だいせつ）（仏教思想家）やR・タゴール（インドのノーベル賞詩人）、B・クローチェ（イタリアの哲学者、歴史家）、P・D・ウスペンスキー（ロシアの神秘思想家）、V・フランクル（オーストリアの精神科医、『夜と霧』の著者）、C・G・ユング（ユング心理学の創始者）といった、同時代の多くの傑出した思想家や芸術家たちとも交流しました。彼はそういう経験を通して、誰もが自己実現的な生き方ができ、人類が平和で幸せになるための普遍法則を導き出そうとしました。

一方、彼は現実を直視し、当時（二十世紀前半）の世界が直面している問題を深刻にとらえていました。人類全体のスケールで、その解決方法を探ろうとしました。「現実は何に動かされているのか」、「自己実現を阻害（ブロック）しているものは何か」といった問題を探究するために、彼は医学を修めたのです。そして精神分析に出会い、私たちへの無意識の影響を知り、無意識に光を当てて、抑圧されたエネルギーの解放による変化を目のあたりにして、「無意識とエネルギー」という視点に光明を見出します。さらにそこからアサジオリは、セラピーの段階を経て、それに続く自立、成長、自己実現を可能にすべく、サイコシンセシスを開発したのです。

彼は、サイコシンセシスを人間科学の仮説理論として提唱しました。彼自身もクライエント（カウンセリングを受ける人）の臨床や、自分自身の生き方において、サイコシンセシスを日々実践し、身をもって実証し続けました。

一九三八年、彼は、人道的・平和主義的であるとしてムッソリーニの迫害に遭い、投獄されます。しかしその時も、「平和は自らのあり方により、心の中に得られるものである」と言い、獄中にあってもサイコシンセシスを実践し、自由で平和な心境でいたということです。彼は「サイコシンセシスを生きた人」といわれ、彼がいると部屋の中のエネルギー状態が変わり、一緒にいる人はあるがままに受け容れられ、その人の最も良いところが出てくるようだった、と多くの人が証言しています。アサジオリは一九七四年に亡くなりました。

「態度」の意味

サイコシンセシスでは、「態度」という言葉はとても大事な意味を持っています。

この言葉は辞書によると、「①ある物事に対した時の、人のようす。動作・表情などの外面に表れたふるまい。②ある物事に対応する身構え。応対。出方。③そぶり。挙動。」（大辞林）とあります。

私自身は、もう少し精確に、「①その人の価値観や体験、特性や嗜好などを背景として、②その対象に対する感じ方や認知の仕方に影響を受け、③それに対する心構えや「無意識」の動的方向性（肯定的、積極的、主体的、好意的、防衛的など）などに影響され、④その結果、その対象に対して取る振る舞いや行動」ととらえています。少し難しいですね。

このうちの、①から③の見えない部分が大事です。これは、個人の生きる姿勢、仕事に対する姿勢、前向きの姿勢、支援する姿勢、国や政府の姿勢、などと言うときの、「姿勢」の意味に近いものです。英語で言うと「アティチュード（attitude）」で、状況によって「態度」とも「姿勢」とも訳されます。マインド（mind）と合わせて、「心構え」とも訳されます。本書では、これらの意味を含んで、「態度」という言葉で統一します。

サイコシンセシスは、「自分や他者や世界に対する態度を肯定的にする」という表現を、アサジオリはよく使います。自分や他者に対する態度は、自分や他者という存在をどうとらえているか、という「アイデンティティ」のとらえ方に関係しています。一般に、自分への態度が肯定的だと、他者にも、いろんなものごとにも、肯定的になります。サイコシンセシスは、自分自身への態度を肯定的にすることにより、他者や世界への態度を肯定的にします。このことは、本書を読んで、そのいくつかを実践して、自分自身で体験的に変化を確かめてください。なお、ここでいう「世界」とは、自分以外のものすべてのことで、健康、仕事、家庭、その他あらゆるものごとやできごとという意味です。

「態度」の重要性

態度は、無意識なものであるだけに、私たちの現実に大きな影響を与え続けることがあります。行動や感情の反応など、表面に現われるものはバラバラに見えても、「態度」という視点でとらえると、その脈絡やつながりがわかってくることがあります。逆に言えば、無意識の態度は、私たちの現実の行動や感情に大きな影響を与える重要なものだということです。肯定的な態度を育てる、あるいは態度を肯定的にすることは、教育や医療、心理療法などにおける重要な課題です。

私は外来医療に携わる中で、診断や治療と同時に、病気のとらえ方（認知、認識）や信条（思いこみ）の歪みを修正し、症状や病気に対する患者さんの態度を肯定的にしていくことが、重要な仕事だとしばしば感じました。そして健診を、健康や人生に対する肯定的な態度を育てるきっかけとしたいと考えてきました。

たとえ病気や障害があっても、いのちが尽きる瞬間まで健全に生きられる人もいます。本当の健全性とは、どういう状況でも健全な態度でいられることであり、この態度が、自己治癒力や免疫力、あるいは健康や長寿に影響するのではないかと、私は考えています。

これは、人生全体についても同じです。「人間の命には限界があるが、どんな状況でも事実を受け容れ、自分ができることを自分の意志で選択し、主体的に生きているか、それとも他人や状況しだいで、しかたない、こういうものだ、とあきらめ、受動的に生きているか」で、その人の幸せ度は大きく変わります。

「態度」を肯定的に変化させる

無意識の態度に気づき、肯定的態度を意識的に選択することは、その後の人生に大きな影響を与えます。しかし態度は、それほど簡単には変化しません。

感じ方や認知のしかたは、態度に大きな影響を与えます。大きな危機や感動など、感情や感覚の変化を伴う体験により、自分、他者、世界に対する認知のしかたが変わり、態度が変わることはあります。あなた自身、大自然や人との出会い、読書や観劇などの経験を思い起こせば、腑に落ちることがあるのではないでしょうか。

一方、医療や心理療法で行なわれているように、認知の歪みに気づいて、意識的に認知そのものを変えることもできます。現在ではこの認知行動療法は盛んになり、「うつ」の対策としても効果を上げています。サイコシンセシスでは、自分と他者と世界について、体験を通して認知を変化させることで、態度を肯定的なものにしていきます。

あとで詳しく述べますが、サイコシンセシスのプロセスとは、「アイデンティティと意志」についての感じ方や認知のしかたが変わっていくプロセスであるともいえます。

サイコシンセシスでは、ホリスティック（全人的）な人間観と、自己実現へのプロセスの仮説を、「地図」で示します。これは、体系的な宗教といった共通基盤のない私たち日本人にとっては、中立的な科学的仮説なので、多くの人にとって受け容れやすく、役立つのではないかと私は考えています。

「問い」を持つということ

今、多くの人が、人類や地球規模の大きな問題に対して、それが自分とどう関わるのか、それは自分にとってどういう意味があるのか、という疑問を持っていると思います。また逆に個人から発想し、市民として、親や教師として、あるいは広く社会の一員として、自分の役割は何なのか、と考える方もいると思います。
こういう「問い」を持つか持たないかも、生きる態度の違いにつながります。私たちは個人として、さまざまな役割や専門や立場を持っていますが、その違いを超えて同じ人間として、「自分や他者や世界に対する肯定的な態度」を共有し、人類の望ましいヴィジョンを共有できれば、その実現に向かって多くの知恵が統合され、やがては大きな力になっていくのではないでしょうか。

ホリスティック（全人的）な人間観、世界観

アサジオリは、「私たちの存在の本質とは何か」、「私たちは本来どう生きるべきか」という問いを追究しながら、私たちの「真の自己」を、素晴らしい可能性を持ったスピリチュアルな存在であり、互いに深い所でつながった同胞であるととらえていました。一方で、「現実の私たちはどういう存在か」、「何に動かされて生きているのか」という問いに対しては、現実を直視した上で、少し難しい言い方になりますが、精神分析の「無意識とエネルギーの視点」を取り入れて考えました。そして、その二つの視点を含めて、多様な次元を包括するような「ホリスティック（全人的）な人間観」を、人間科学の仮説として提唱しました。

この仮説は、内面世界に気づき、内的力を喚起し、自己実現していくための「地図」のかたちで、あとで紹介します。この基盤となる考え方として、大きな世界観（コスモロジー）におけるホリスティック（全人的）な人間観を、アサジオリは持っていました。

ここでは、ホリスティック（全人的）な人間観と世界観について、アサジオリの言葉を引用しながら説明します。

「存在の根源」のとらえ方

アサジオリは、インドの重要な聖典『バガヴァッドギーター』の「あらゆるものに遍在したあと、私は留まる」という、ワンネス（Oneness、一なるもの、根源）の言葉を引用し、次のように述べています。

「見えない根源として本来一つだったものが、その特性を内在させながら、見える世界のあらゆる個に現われて、多彩でバラバラになった。万物の現象は、「多様性」と「統合」への希求の間のせめぎ合いとも見える。すなわち、エントロピーが増大していく現象界は、多様でバラバラであっても、見えない世界では根源（ワンネス）へとつながり、統合され、ホール（全体）になっていこうとするシントロピー（統合への方向性）増大への潜在的な希求がある。」

この言葉の中に、サイコシンセシスの人間観や、自己実現への統合のプロセスの背景となる、いくつかの特徴を読みとることができます。

1　私たちの根源は不変のワンネス（一なるもの）であり、それは見えない世界にある。現実の世界における目に見えるすべてのものは、見えない世界の「根源」が個として現われたものであり、私たちの存在の本質である「真の自己」は、マクロコスモス（大宇宙）の真理が個の形をとって現われたミクロコスモス（小宇宙）である。それは根源の持つ「いのちの原理」の普遍性と、個としての独自性の両方を合わせ持つ存在である。

2　目に見える世界では、私たちはバラバラの個人であり、互いにつながってはいない。しかしそれぞれが、内界深く真の自己につながれば、他者とも互いに同胞としてつながることができる。これが私たちの、本来のホリスティック（全人的）なあるべき姿である。

3　見える世界での対立や葛藤と同時に、私たちには、互いにつながり、普遍的ないのちの原理に沿った、ホール（全体）への統合に向かう潜在的な希求がある。

「真の自己」についてどう呼ぶかの違いはあっても、キリスト教で言う「神は自分に似せて人間を創られた」や、仏教の「すべてのものに仏性がある（山川草木悉有仏性）」などの言葉で表現されるものと同じであり、多くの宗教が説く「普遍的な真理」に近いと言えるのではないでしょうか。これはまた、私たちが大自然の中でいのちの根源に触れて感じるような一体感とも、つながるものだと思います。

大きな全体（マクロコスモス）と小さな全体（ミクロコスモス）

サイコシンセシスでは、このように根源とつながり他者と同胞であるという面と、また一方、私たちは独自の個であるという、普遍性と独自性を統合した存在であることを強調します。

これはすなわち、それぞれの個人が、大きな全体（マクロコスモス）の真理を内側に持った小さな全体（ミクロコスモス）であり、その個の中にも、さらにいくつものミクロコスモスが存在しているというとらえ方です。これは、「いのち」や「宇宙の神秘」を解明していく上で、生命科学や量子力学、フラクタル（樹の幹から出る枝のように、自己相似性をもつ構造）やホロン（あるものの部分でありながら、それ自体が全体的なまとまりを持つような単位）、一般システム論のような考え方とも通じているといえると思います。

一般システム論について、サイコシンセシスの臨床家でありコーチでもあるW・パーフィットは、次のように述べています。

① 全体は部分の総和以上のものである。
② 全体が部分の特性を決める。
③ 部分を探究しても全体はわからない。
④ 部分は互いに関連し、依存しあっている。

ホール（全体）とは何か

次に、このようなホリスティック（全体的）な視点を表わす図（次頁）を掲げます。これは静的な面からとらえたものです。この図が示しているのは、「目に見える世界では多様でつながりがないが、見えない世界で自分の深いところにつながれば、いのちの本質や他者とも互いにつながることができる」、「多様な個は、それが持つ本質の普遍性と、個としての独自性を内在させながら、それを目に見える世界で表現している」ということです。このことは、個人、集団、世界などさまざまなレベルで、同じ視点から相似形のようにとらえることができます。

これに、潜在する「統合への希求」という動的方向性を加えたことが、サイコシンセシスの人間観とプロセスの背景となっています。

ここで、本書でよく使う「ホール（全体）」や「ホリスティック（全体的）」という言葉について、その意味を説明しておきます。

ホール（全体）という言葉は、「全体性を持った全体」という意味の、ホロスというギリシャ語が語源です。「単なる部分の総和でなく、より大きな全体の中で、一つの全体性を持った単位として、調和を持ちながら有機的に機能するもの」という意味です。これは静的な状態だけでなく、いきいきと統合の方向へとエネルギーの流れる動的な状態も含む、と私は考えています。ホリスティック（全体的）というのは、ホロスの形容詞です。

なお本書ではホリスティック（全体的）な人間観という表現を使っていますが、これは、

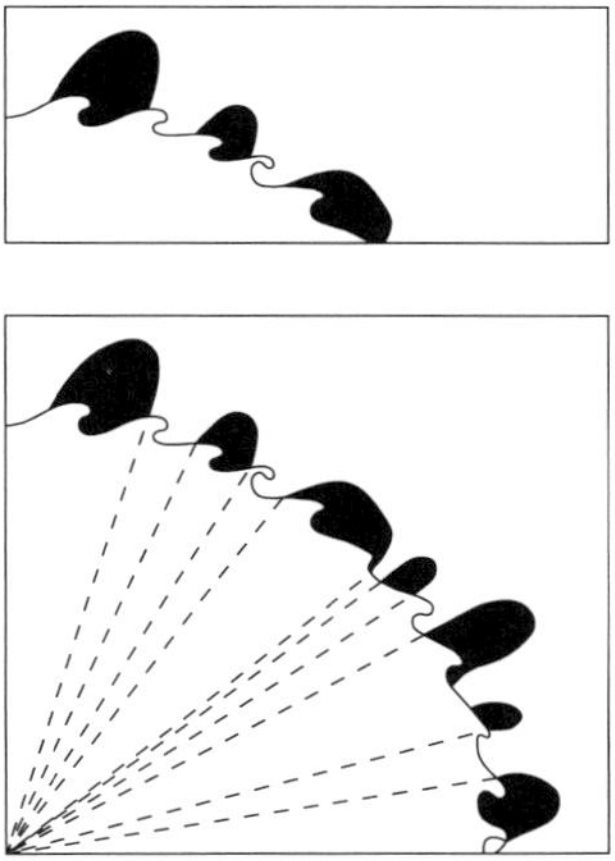

図１　ホリスティック（全体的）な視点を表わす図

個人のいのちとしての存在と、社会的存在としての人間を、統合してとらえる考え方です。オーケストラとその指揮者という比喩で考えるとわかりやすいのですが、このことは後で説明します。また現代的な概念であるフラクタルの、自己相似形の連続というとらえ方も、ホリスティック（全体的）な見方といえます。

今ではゲームなどでよく使うヒーリング（癒し）やヒーラー（癒す人）、またヘルス（健康＝ホール（全体）の状態）、ホーリー（聖なる）なども、同じ言葉から来ています。

サイコシンセシスでは、「ホール（全体）」への統合の過程で、あとで述べる下位無意識にある否定的要素と直面し、エネルギーを解放してゆく段階があります。このプロセスにおいて、ブロックされていたエネルギーが流れ始め、再び調和し、機能する「ホール（全体）」になることが、癒し（ヒーリング）ということの意味です。

国連の専門機関であるＷＨＯ（世界保健機関）の「健康」の定義は次のようなものです。
「健康とは身体的・精神的・霊的・社会的に完全に良好な動的状態であり、たんに病気や虚弱でないということではない。」

ＷＨＯのいう健康、さらには自己実現に向かう統合のプロセスを、サイコシンセシスは支援します。

また、癒し（ヒーリング）により平安（ピース）がもたらせるのだとすれば、平和も、個人として、集団として、人類としてのホリスティック（全体的）な状態であり、これは、サイコシンセシスが支援できるということです。「平和とは人類の統合である」というテイヤール・ド・シャルダン（フランスのカトリック思想家、キリスト教的進化論を提唱）の言葉もあります。

先に述べたいのちの根源（ワンネス）は、「神」とか、「聖なる存在」とか、「宇宙エネルギー」など、さまざまな名前で呼ばれますが、アサジオリはこれを大文字のスピリット（Spirit）で表わし、それが現実に現われた「個」を小文字のスピリット（spirit）で表わしています。スピリットは「息吹（いぶき）」という意味で、神の息吹つまり宇宙のいのちの原理を表わします。スピリチュアルというのは、そのスピリットの形容詞です。

サイコシンセシスのいう「統合」とは

サイコシンセシスのプロセスとは、真の自己とつながることができず、自分の内外でエネルギーがバラバラな状態から、真の自己につながり、他者と調和がとれ、いきいきした本来のホリスティック（全人的）なあり方へと、統合していくプロセスです。それを自分という個人から始めて、究極的には人類のホリスティック（全体的）なあり方へつなごうというものです。

ここで、サイコシンセシスでいう「統合」とは何かを、それを目指す「態度」も含めて大まかに見ておきましょう。

「統合」という日本語は、かつての「全体主義」やナショナリズムを連想させたり、または宗教と結び付けて誤解されたり忌避される傾向もあります。その一方で、多様なものをただ寄せ集めるといった、曖昧な概念のまま用いられたりもします。

英語では「統合」は「シンセシス（synthesis）」といい、学術的な言葉です。同じような意味で、インテグレーションという一般的な言葉もあります。これは、バラバラなものをつないで全体にするという意味です。これも日本語では「統合」と訳されたり、また誠実な人格を表わすときにも使われます。

サイコシンセシスで使う「統合」は、バラバラなものを一緒にするとか、あるいは均一にするとか、または「個か全体か」、「あれかこれか」のような二者択一で、その中間をとるということではありません。サイコシンセシスが目指すのは、互いに対立する要素のそれぞれが生かされて、新たな全体（ホール）を作り、個が全体の中で有機的に機能するような統合です。

この統合にはいくつもの段階があります。同じ次元では統合できなくても、より高い次元では、新たな全体（ホール）として「あれもこれも」を含む統合が可能になる場合があります。「全体が部分の総和以上になる」、「１＋１が2以上になる」というのが、サイコシンセシスでいう「統合」です。アサジオリは、「水素と酸素が化学反応により水になる」例や、有機体（生物）の例をよく挙げます。有機体は細胞から臓器へ、そして器官へ、さらには個体へと、多様な要素が、どのレベルでも全体（ホール）として、より大きな全体（ホール）の中に生かされて、有機的なつながりの中で生命活動を営んでいます。

サイコシンセシスには、個人の中の多様で対立している要素は、本来の全体（ホール）になっていない、癒されていない、という仮説があります。サイコシンセシスのプロセスは、それぞれの要素をホール（全体）にして、自分の中で互いに調和させ、それぞれが生かされていきいきしたエネルギーとして流れるような、高次元の全体（ホール）になるように統合していくものです。この全体（ホール）へのプロセスを、個人の中の多様な要素から個人へ、個人から集団へ、そしてより大きな集団へと進め、究極的には人類のサイコシンセシスにまでつなげていこうというものです。

どんな対立物を統合するのか

以上のような考え方の背景には、これまで述べてきたホリスティックな人間観や世界観があります。

私たちは個人においても、他者との間でも、互いに対立し葛藤し、エネルギーはバラバラで方向づけられていません。現実には私たちは、自分の深いところから疎外されていると考えられます。

しかし私たちは、いのちの根源の普遍性と、個としての独自性が、形として現われたものです。本来の私たちには、いのちの原理としての統合の原理や方向性が内在しているのです。

小さなどんぐりは、将来大きな樫の木になり、森の中の大事な存在になります。ただし、同じどんぐりであっても、どんな木に成長するかは、それぞれの独自性の現われによります。自然の一部である個としてのいのちが、本来なりうる最高のものになっていくという意味で、私たちの中には、成長し、世界に貢献し、自己実現をしていく大きな可能性が潜んでいるのです。

私たちは、現代の文明社会の中で、外的刺激や無意識に振り回されて、いのちの原理を内在させる真の自己から疎外され、自分自身の本質を忘れ、互いにつながりにくくなり、方向性を見失いがちです。人間本来の成長や自立、個人として、また集団としての自己実現という、自然に起こりうるプロセスが、現代では阻まれやすい。それがつまり、現代人のエネルギーがバラバラで方向づけられないままであるということです。ここを変えて、個人として、また集団として本来のあり方をめざすことは、個人が人間としての尊厳と喜びを取り戻すだけでなく、文明の危機を回避する究極の道筋だと考えます。

この自己実現的なプロセスは、「無意識」に光を当て、真の自己とのつながりを阻む「否定的要素」に気づき、そこから自己を解放します。そして眠っている真の自己のエネルギーや特性を喚び起こし、現実に自己実現を可能にしていく、自分と世界の統合のプロセスといえます。このプロセスは本来、自然に起こるものですが、アサジオリは、これを意識的に支援し促進するために、サイコシンセシスを開発し、科学的な理論と多彩な技法による実践体系として提唱したのです。

サイコシンセシスのプロセスでは、自分自身で統合していくべき対立物には、じつにさまざまなものがあります。例として挙げられるのは、心と体、感情と理性、現実と理想、パーソナリティとスピリチュアリティ（魂）、見える世界と見えない世界、外界と内界、自分と他者、意識と無意識、原因と結果、ミクロとマクロ、個と全体、静と動、いのち（としての存在）と社会的存在、抑圧と解放、過去と未来、否定と肯定、などなどです。

アサジオリはまた、「愛ある人に意志が足りず、意志ある人に愛が不足している」ことが問題である、と言います。愛と力（強い意志）の両方を高いところから見て、それぞれのよさを生かすために、例えばもう一つ「知恵」を加えると、「知恵ある愛と力」として、高い次元で統合できるかもしれません。同じ次元では対立していても、深く探ったり、あるいは高い次元に持ち上げたりすることで、統合が可能になる場合があるのです。サイコシンセシスのプロセスは、このような統合への道を示します。

誰が統合するのか

では誰が、このような統合をしていくのでしょうか。もちろんそれは自分自身、あなた自身です。ではその「自分」とは何か、というアイデンティティの問題が、ここで出てきます。統合の方向性は、内界深く、真の自己につながることでわかるとしても、そのことに気づいただけで統合が起こるとは限りません。

ここに、サイコシンセシス独自の知恵である「パーソナルセルフ（ｐセルフ）」という体験的概念と、それぞれの個を尊重しながら統合へと方向づける「意志」が、実際のプロセスで重要な役割を果たすことになります。

この、「アイデンティティと意志」に私たちが気づくことは、私たちのあり方、すなわち「自分と他者と世界に対する態度」を大きく変えるきっかけになります。このことは、エクササイズをまじえながら、本書で詳しく説明していきます。

なお次に、サイコシンセシスのプロセスを進める上で大事な「態度」のうち、「自分の中に答えを探す態度」と、「科学的態度」について説明します。

スターティング・フロム・ウィズイン（自分の中に答えを探す）

自分自身の生き方を自己実現に向かうものにするために、サイコシンセシスでは、「自分の内的世界を知ろうとする」、「内的力を喚起する」という態度が重要になります。これを私は、「自分の中に答えを探す（スターティング・フロム・ウィズイン、starting from within の）態度」と呼んでいます。この言葉はまた、「自分から始める」という意味でも使っています。

「スターティング・フロム・ウィズイン」というのは、文明レベルの大きな問題でも、解決の可能性を外の世界に探るのではなく、その世界の一部である自分の中に探す、問題を「わがこと」としてとらえるという視点です。これは、どんな時にも事実をそのまま受け止め、その上で自分ができることは何かを探ろうとする主体的な態度です。

心理療法やカウンセリングでは、本人の中に答えを探すことは、基本的態度の一つです。教育（エデュケイション、education）の動詞形はエデュケア（educare）ですが、これは「(中から）引き出す」という意味を持っています。教育も心理療法も、本人に内在しているものを引き出す態度が基本だということです。

サイコシンセシスの「自分」の見方については、次章から詳しく説明しますが、一般に、今あなたが自分だと思っている自分は、本当の自分のごく一部にすぎません。私たちには広大な無意識の領域があり、真の自己は自分の根源とも他者ともつながる存在であり、そこにはいのちの原理、宇宙の真理が潜在しています。それゆえ、そこには統合の方向性や、なるべきものになっていく自己実現の方向性がそなわっており、いのちのエネルギーが存在するととらえることが基本です。そのような、ホリスティック（全人的）な人間観に基づく信頼が、サイコシンセシスの前提にはあるのです。だからこそ、現実において他者とつながらないときは、「自分の中に答えを探す」態度が大事になり、自分が自分の本質につながることで、他者ともつながる可能性が出てくるのです。

感性と感覚が大事

「自分の中に答えを探す」という態度は、見えない世界を深く探究する、ということです。ですからこのアプローチでは、無意識との交流が重要であり、それには言葉によらない非言語的な方法が大切になります。技法のいくつかは本論で紹介しますが、特にイメージやシンボルや直観、また感覚や感情も、無意識からのメッセージとして重視します。これらは、「自分の中の答え」を知る上で大切なものです。

「私たちの中にある真の答え」に出会うと、それは、頭で納得できるだけでなく、自己一致感があり、すっきりして、元気になる、楽になる、体がふわっと軽くなる、温かくなる、ワクワクする、といった五感やエネルギーの変化を、必ず伴います。

アメリカの精神科医のワークショップで、三十年前に、「五感に基づくデータこそ自分の事実である」と言われたとき、私にはぴんと来ませんでした。やはり知性を最優先していたのだと思います。その後、自分の生き方を探ったり、他者と本当にいい関係を築くには、知性だけでは不十分で、五感全体や感性が大事だということが、体験的にわかってきました。感覚を大事にするというのは、自分で科学的仮説を実証するときの鍵になります。

エネルギーの状態を見る

くり返し述べているように、サイコシンセシスでは、自己のエネルギーの状態を重視します。このエネルギーの視点について、ここで簡単に説明します。

アサジオリは、早くから心と身体の密接な関係に気づき、これに関連してエネルギーという視点を重視しました。彼は、感情はエネルギーを持つ、エネルギーは身体に影響する、といった表現をしています。実際に自分の中に意識を向けると、エネルギーの感覚は、健康感やいきいき感、元気などの「気」として感じられます。これはそのまま、いのちの感覚といってもよいかもしれません。

アサジオリは、サイコエナジェティックス（エネルギー心理学）が将来重要な分野になるのではないかと、すでに二十世紀半ばに述べています。アサジオリはまた、「エネルギーを使うために、その性質が解明される必要はない。歩くときに、歩こうとする意志とイメージが筋肉の運動を誘導することなど、知る必要はない。電気、重力も同じである」と述べ、いきいきするために、実際にエネルギーを巧みに活用することが重要であると考えました。

一方、彼は科学者らしく、エネルギーであれば変換可能である、自然の法則に沿って良いエネルギーが流れるようにすることは、統合のとれた自己実現の方向に進むことになる、このエネルギーの変換によって、「精神医学や心理学は社会に貢献できる」とも考えました。「心理療法の究極の目標は、Tセルフ（あとで説明するトランスパーソナルセルフ）のエネルギーを解放することである」という言葉にも、彼の考えはよく表われています。

サイコシンセシスを人間科学として提唱する上で、エネルギーの視点は非常に重要だったのです。

アサジオリは当時の社会を、「エネルギーがバラバラで方向づけられていないことが問題」であるととらえましたが、これがまさにサイコシンセシスの見方です。統合のプロセスの目標であるホリスティック（全人的）な状態では、いのちの感覚と社会的存在である人間とが統合されます。存在するだけの静的側面と、行動に結びつく動的側面が統合され、エネルギーが調和し、自己一致する感覚があるのではないかと、私は考えています。エネルギーの感覚は、自己一致や統合の方向を伝えるメッセージになるのですが、これについてはあとで詳しく説明します。

自分自身で証明する

全体（ホール）への統合のプロセスとは、「自分の中に答えを探す」アプローチを実践していくことです。アサジオリはサイコシンセシスを、自分で実証する科学的仮説として提唱しましたが、このとき同時に、「疑問を持たずにただ受け入れる必要はない、先生についていく必要もない」と述べています。これは科学的態度が大事であると同時に、「内なる権威」、「内なる知恵」が育つことが重要であるということを示唆しています。権威ある師から与えられる教義を、自己実現のよりどころとするのは、命じられてボランティアをするのと同じように、矛盾したことです。これは、「自分自身で実証」するべく実践するうちに、自己実現のプロセスが進むという仕組みを、わかりやすく表現しています。

アサジオリは、精神医学や心理学の知恵を生かそうとして、トランスパーソナル（自己を超越するもの）の領域も科学の対象となること、その知的な理解も大事であること、そして体験を通して現実に効果があることの重要性を強調しました。これはサイコシンセシスの特徴の一つであり、「愛と魂と意志を取り戻した心理学」とか、「宗教と科学の統合」などといわれる理由だと思います。

ここでは、科学的態度と、一見科学とはなじまないと考えられるスピリチュアリティ（霊性）の関係について考えてみます。

スピリチュアリティを取り入れる

アサジオリは、当時「精神病理」のみを対象としていた精神医学や心理学に、成長や健全性に必要なものとして、また自己実現に必須のものとして、スピリチュアリティを取り入れたのです。彼は、次のように宣言しています。

「私は他の多くの心理学的見解とは異なり、Ｔセルフ（トランスパーソナルセルフ）と超意識の存在をはっきり認める立場に立つ。」

「哲学的、神学的、また形而上学的な立場を押しつけるのではなく、人間の心の中にあり、より大きな自覚へ向かって成長させていくものとして、スピリチュアルな内的衝動と関係するかもしれないあらゆるものを、心理的事実の研究範囲に含める。」

これは、それまでの精神医学や心理学に対する革命的な宣言です。

アサジオリは、「真の自己への欲求も、フロイトの記述した本能的エネルギーと同じように、基本的な人間の欲求やエネルギーになる」と述べています。そして、「スピリチュアルな部分は、物質的な部分と同じように、人間にとって大切」であり、「本当に科学的な精神と解放された心を持つ人びとにとって、考慮の対象となるべきものである」と考えたのです。

科学的態度で観察する

スピリチュアリティを科学の対象ととらえるというアサジオリの態度を、もう少し探ってみましょう。

彼は、「解釈より、事実や体験から始める、より科学的なアプローチを優先」し、体験の事実を科学的態度で観察することを重んじました。

彼は、「心理学も諸科学も、計量的な方法のみに依存してはならない。質的な自覚は、量的なものと同様に確かなものである。客観的に体験を観察し、記述し、その上でそれらの意味や性質、効果や最終的な有用性を正しい方法で考える」ことが大事であり、「観察者の態度は、機器を用いて実験している科学者の態度」であるべきだと述べています。

「量的な面だけでなく、質的なアプローチも、観察者の態度により科学になる」という考えは、従来は科学の対象になじまないと考えられてきたスピリチュアリティや主観的体験を扱うときに、重要なポイントになります。観察者としては、目に見える世界で個のそれぞれを、事実として尊重する態度が基本です。それを、マクロとミクロ、全体と部分という視点から、偏見なく多角的にとらえることが必要です。

主観的体験を科学する

アサジオリは、スピリチュアリティのような科学で扱いにくい主観的体験についても、研究の重要性を説いて中立的・科学的な態度を貫き、正しく理解するよう促しました。主観的な体験については、一般に、「そんなことはあり得ない、科学的でない」と排除されがちですが、「当事者がそういう体験をしたと言っている」という事実を、「あるがままのこととして」尊重し、科学者の態度で観察し、検証しようとしました。

つまり、「顔の表情や声のトーンなどの非言語的なメッセージ」を観察し、検証することはできるのです。例えば、語る前と後とで表情が変わり、いきいきしたものになった、元気になった、他人に優しい声をかけるようになった、積極的になった、などの変化があったなら、そのような変化をもたらす何らかの主観的体験があったということです。

自分の内的世界の変化も客観化することができます。自分自身の体験について観察する時は、知性のみでなく、感情や五感やエネルギーといった、主観的な内面の変化に気づき、観察することが必要になります。

目に見えない世界を分析する

目に見える事実の背景にあり、それをもたらす原因や動機、対立する諸要素の見えないつながりなどを理解しようとする「分析的態度」は、科学的なものです。サイコシンセシスでは、この分析的過程を統合の前提としています。サイコシンセシスの分析的プロセスを実践するときには、「自分の中に答えを探す」原則にのっとって、知性だけでなく、五感やエネルギーの感覚が重要です。

効果のあるものを重視する

アサジオリは、ゲーテの「効果ある（wirkend）ものは本当（wirklich）である」という言葉を引用しながら、「当事者の心の内的世界、および外側の行動に変化をもたらすものは、体験的で効果があるという意味で、科学的探究の対象となる」と述べています。このように、何らかの効果がある、すなわち現実に変化を起こすものは科学の対象になる、という態度は、まさに事実を事実として受け止める態度であり、スピリチュアリティに限らず、主観的な体験を対象とする科学において重要だと思います。

文明の危機に対処しようとしてサイコシンセシスを提唱したアサジオリにとっては、現実に変化を起こし、役に立つことが大事だったのです。効果があるというのは、その前後で状態が変わるということです。例えばエネルギーの方向性や強弱などの変化は、やる気や元気、調和や落ち着きといった変化で感じられるものです。特にスピリチュアリティや「意志」などについては、本文を読み進めながら、自分の中で起こる変化に注意しつつ、体験的に有効で共感できるかどうかを確かめながら、ご自身の実践の中で検証していただきたいと思います。

情報をどう扱うか

ＩＴ革命により情報が氾濫する現代社会にあって、情報をどう扱い、どう取り入れるかは重要です。情報が根拠のない信念や偏見を形成し、それが個人や社会の状況を悪く変化させることもしばしばあります。情報に振り回されて、大切なことが見えなくなる場合もあるかも知れません。情報や知識を取り入れるときには、「どういう根拠で、どの情報源から、どういう角度や視点で」などを問う態度が大事です。情報や知識は活用するものであり、振り回されては主体が失われます。このことは、見えない世界の情報や知識に対する態度にも通じます。しかしこれは具体的に考えると難しいことなので、もう少し進んだところで説明します。

まやかしのスピリチュアリティにだまされない

アサジオリは当時、一般の人たちはトランスパーソナル領域に関心を持ってはいるが、まやかしのスピリチュアリティに惹かれることもあり、誤解や混乱の危険があることを危惧していました。「「スピリチュアル」という言葉が、表面的に、曖昧に使われてきた、あるいは今でも使われている。そのことが大きな混乱や誤解を招いてきた」と述べています。それに対して、「明晰な知性」によって、真なるものと偽物を識別するよう促しました。

スピリチュアリティや主体性、意志、アイデンティティなど、抽象的なテーマを扱う時は、「主観的体験」を観察することが大事です。ただし、これらについての言葉や概念、知識や情報は混乱しており、誤解も多いので、似て非なるものを識別し、逆に多様性を超えて普遍性をとらえることが大事です。見える世界だけでなく、見えないつながりを問いつつ、本質や互いの関連を明晰にとらえていくことが重要です。

アサジオリは言葉について、「言葉も個であり、他と区別し、本質を表わすものとして作られたが、じつは曖昧であり、そのため本質がわからなくなることがある」と言っています。言葉は思考やコミュニケーションの重要な道具ですが、しかしその限界も見きわめながら本質をとらえる必要がある、と私は考えています。

本書では、「自分とは何か」というアイデンティティと並んで、「意志」が重要なテーマとなります。例えば、主体性や選択、決断、達成、目的、志、夢などは、意志に関連した概念です。個人として、また集団としてのあり方を選び、実行していく上で、「意志」は大きな意味を持っています。本書を通して、「アイデンティティと意志」について、読者の一人ひとりによく考えていただきたいというのが、私の願いです。

第2章 「卵形図形」で人間と世界を見る

地図と道具

アサジオリは、無意識の概念を取り入れて、人間本来の自己実現的なあり方と現実とのギャップを包括的にとらえ、真の自己実現を可能にするために、ホリスティック（全人的）な人間観と、そのプロセスの概略を仮説として提唱しました。彼は、このプロセスを、「創造的で喜びとエネルギーに満ち、かつ調和と幸せに向かう個人、社会、人類の、真の自己実現への旅」としてとらえました。そして、旅をするとき、特に道に迷ったときには、地図や道具は役立つこともあるとして、サイコシンセシスの理論と技法を、「地図と道具」のかたちで提供しました。

サイコシンセシスのプロセスは、時に専門家や家族や友人たちの支援を受けるとしても、ある程度の健全性があれば、この地図と道具を活用して、自分自身で一生取り組んでいくことができます。そして、このプロセスを通して、自己理解と共に全般的な人間理解が深まり、サイコシンセシスのホリスティック（全人的）な人間観を理解することができるようになります。

本書では、読者が自分のプロセスに取り組みながら、自己理解と人間理解を深めてゆけるように、いくつかの地図を実習もまじえて紹介していきます。道具としての技法についても、サイコシンセシスの理解を深めることを目的として、エクササイズとしていくつかを紹介していきます。これは技法に対するサイコシンセシスの考え方や、技法を活用するときの原則、支援者のあり方など、「自分や他者や世界に対する肯定的態度」を実際に感じ取っていただくためのものです。

卵形図形という地図

これは卵形(らんけい)図形と呼ばれます。サイコシンセシスのホリスティックな人間観を表わす最も基本的な「地図」です。

この図は、意識／無意識、真の自己／現実の自分、自分／他者・世界、などさまざまな面から人間をとらえています。私たちの存在の本質とは何か、真の自己とは何かという問

1　下位無意識
2　中位無意識
3　上位無意識（トランスパーソナル領域）
4　意識（気づき）のパーソナル領域
5　パーソナルセルフ（ｐセルフ）
6　トランスパーソナルセルフ（Ｔセルフ）
7　集合無意識

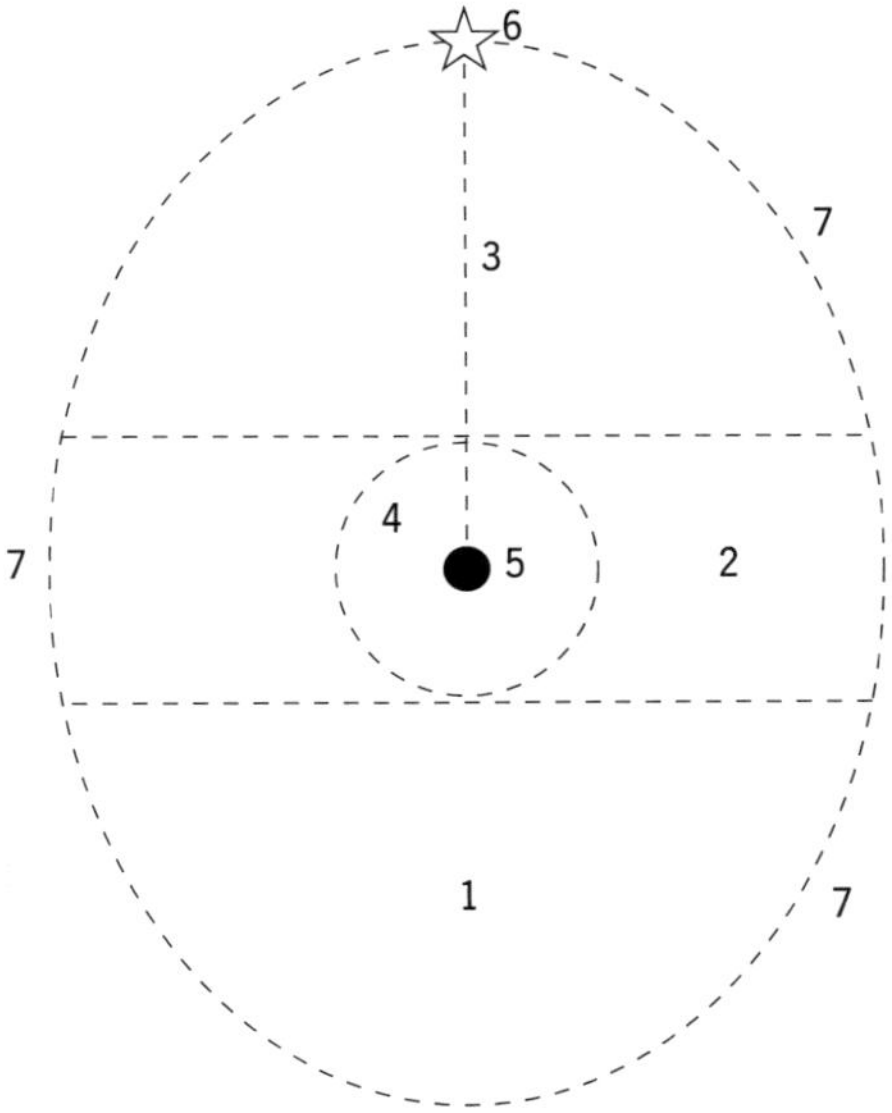

図２　卵形図形

いへの一つの答えとして、それと現実とのギャップを無意識の視点でとらえたものです。
アサジオリはフロイトの精神分析に出会い、無意識の重要性に気づき、これを学びました。しかし精神分析が対象としたのは、生物としての原始的な部分や、私たちを振り回すエネルギーを持つ無意識であり、フロイト自身が「精神の地下室」と呼んだ領域に限られていました。

これに対してアサジオリは、真の自己に関わる崇高な部分や、人間独自の素晴らしさ、すなわちトランスパーソナル領域や、ユングの言う集合無意識も含めて、包括的、統合的に無意識をとらえました。卵形図形は、この包括的なホリスティックな人間観を基盤として、「自分とはどういう存在か」、「自分は何に動かされているのか」、「自分や他者をどうとらえればよいのか」という問いに対する考え方を示したものです。

それと同時にこの地図は、実際に私たちが真の自己に沿って生きていくにはどうしたらよいかという、自己解放や癒し、成長や自己実現への実践的なヒントも示しています。この地図はまた、真の自己は他者や世界とつながっており、個人の自己実現へのプロセスが、ゆくゆくは社会や集団の自己実現につながっていく可能性がある、ということも示唆しています。

「個」の世界

次に、この卵形図形について説明します。（　）の数字は図の番号です。点線で囲まれた卵形の内側が、意識／無意識を含めた私たち一人一人の「個」の世界です。「卵形は人の心だけでなく、身体的、生物的な側面を含めた人間存在の全体を含む」とアサジオリは言います。つまり卵形図形は、生物的な側面から、「魂」ともいえるスピリチュアルな真の自己までを含むのです。これらの区切りが点線で描かれているのは、各領域の要素やエネルギーが固定されているのではなく、互いに浸透しあう「心理的浸透性」を表わすからです。

真ん中の円で囲まれた意識領域の周りに大きな無意識があり、上中下に分かれています。「自分で自分だと思っている自分」は、本当の自分のごく一部です。私たちは、ふだんは気づきませんが、広大な無意識の世界を持っていることを、この図形は示しています。

真の自己（トランスパーソナルセルフ）のありか

卵形図形の一番上にある星☆（６）は、トランスパーソナルセルフと呼ばれ、本書では、Ｔセルフと略称します。このＴセルフこそが、サイコシンセシスのとらえる自己の本質、存在の本質であり、真の自己、真のアイデンティティです。Ｔセルフは、半分が卵形図形の外の集合無意識、あるいは他者の存在する世界に出ていて、あとの半分は個人の世界の内に位置しています。

Tセルフは、個の中心のコア（核）として、根源が個に現われたものとして、いのちの原理を内在させています。「普遍性と独自性という対極を統合したもの」であると共に、他者や世界とつながる存在であるという特徴が、この☆の位置に現われています。

なおTセルフという表現については、かつてはソウル（魂、soul）、ハイアーセルフ（より高次の自己、higher self）、スピリチュアルセルフ（精神的自己）という言葉を使っていたこともあります。日本語では魂、霊性、いのちなどといわれるもの、あるいは宗教や伝統によっては、神の子、仏性（ぶっしょう）、などの言葉で表わされるものです。「魂」という言い方が、もっとも一般的でわかりやすいかもしれません。

本書で使われるトランスパーソナルの「トランス」は、「超える」という意味です。「パーソナル」は、現実の私たち、すなわち肉体や社会的役割を持つ「個人の」という意味です。ですからトランスパーソナルとは、肉体的で日常的なパーソナルレベルを超えたもの、見えない世界や価値に関係し、二十世紀前半にアサジオリやユングがスピリチュアルあるいはハイアー（より高次の）と呼んでいたものです。一九六〇年代以後、まがいもののスピリチュアリティと区別するために、そして宗教的なニュアンスを持つスピリチュアルやハイアーよりも中立的な言葉だと考え、アサジオリ自身がトランスパーソナルと呼び変えたのです。本書では「Ｔセルフ（トランスパーソナルセルフ）」は、真の自己、真のアイデンティティ、自己の本質などの言葉と同じ意味で使います。

「自分の根っこ」のイメージ

卵形図形でＴセルフが一番上にあるのは、崇高なものを高いところにイメージする西洋的なとらえ方といえるかもしれません。アサジオリ自身は、Ｔセルフは必ずしも卵形図形の頂点ではなく、この点線のいろいろな所にありうると述べています。私自身は、ときに真の自己を「自分の根っこ」とイメージすることがあります。自分の中を深めていくと、いのちの根源や他者のいる世界につながるという自己存在の本質が、実感しやすくなるからです。丹田（たんでん）やハラ（腹）のあたりにイメージする方もおられるでしょう。

卵形図形は、私たちの本質であるＴセルフが、「いのちの原理や根源の持つ普遍性と、個としての独自性、統合への方向性を内在させている」ことを示しています。つまり私たちは、独自な価値を持つ唯一無二の存在であると同時に、深いところでは他者や世界とつながっている存在であり、共に大自然に生かされ、社会や人類の歴史を作っている同胞であるという見方を、卵形図形は示しているのです。

トランスパーソナルの領域

トランスパーソナルの領域（3）は、スピリチュアリティ、ハイアーな意識、超意識とも呼ばれる領域です。Tセルフとつながり、さらにTセルフを通じて、他者やいのちの根源とつながるところともいえます。トランスパーソナル領域に気づき、真の自己とのつながりを取り戻せば、他者につながるということを示唆しています。

アサジオリは、「Tセルフは太陽で、トランスパーソナルの領域は太陽に照らされているようなものだ」と述べています。また「直観やインスピレーション、宗教的・哲学的・科学的あるいは芸術的な特性や創造性、または倫理的、利他的な動機のあるところ」とも述べています。

トランスパーソナルの領域には、Tセルフの特性やTセルフの意志、エネルギーが潜在しています。そこには、Tセルフの持つ普遍性、善意、優しさ、愛、謙虚さ、感謝、あたたかさ、正直さ、信頼、希望、奉仕など、他者や世界とつながるような特性が存在します。また美や創造性や好奇心、ユーモアや探究心、芸術やスポーツなどの潜在的能力が、人それぞれの形で存在します。人生の意味や価値や目的といった、「Tセルフの意志」に関わり、その実現に邁進（まいしん）する動機、ひたむきさ、忍耐、実行力などが、潜在的可能性としてここに存在しています。

このトランスパーソナル領域に気づかないまま、あるいは真の自己につながらないまま、現実のパーソナリティレベルにとどまることは、フロイトが扱った下位無意識にある衝動を抑圧するのと同じように、エネルギーの抑圧になり、心身の健全性を害し、病気になることすらあるのです。

なお本書で「自己実現」とか「真の自己実現」というのは、この「Ｔセルフの自己実現」を指します。

下位無意識という精神の地下室

一番下の下位無意識（１）は、フロイトが精神分析で探究し、「精神の地下室」と表現したものです。原始的な、あるいは生物としての生活を営む上で最も初歩的な、しかし最も巧みな心理活動であり、本能や基本的な欲求や衝動（性、自己保存、攻撃など）も含みます。それに関連して形成される心理活動や性格や習慣的行動パターン、思考のパターンなどがここにあるとされます。

ここは私たちが、他者や世界とのつながりの中でいきいきと成長し、自己実現していくことを妨げる「否定的な要素」やエネルギーのルーツだといわれます。つまり現実の私たちは、多くの場合、気づかないままこの下位無意識に振り回され、制約され、真の自己とのつながりが阻まれているのです。

なお本書では、「下位」という言葉は、高低ではなく、過去に関係するという意味で使います。また、「否定的」という言葉は、自分の中の調和や他者との平和な関係を乱し、本来の成長や自己実現を阻む要素に対して便宜的に使います。

精神分析では、神経症などを治すためにこの無意識に光を当て、分析的アプローチにより抑圧されたエネルギーを解放します。アサジオリは精神分析によって、この無意識とエネルギーの重要性を学びました。そして、神経症に限らず「人は多かれ少なかれ気づかないままに、この下位無意識に振り回され」、「エネルギーは方向づけられていない」、また「私たちは無意識があることにすら気づかない」、そのことが問題だと考えました。

「心の問題」を引き起こすもの

神経症や心身症などに限らず、「心の問題」といわれるもの、あるいは問題として表面化しなくても深いところで私たちを動かし、自己実現的な喜びに満ちた生き方を阻むものが、この無意識の領域にあると考えられます。今では精神分析にとどまらず、心理療法やカウンセリングや心身医学など広い分野で、症状のない人も対象として、下位無意識に関わる問題を扱っています。

人は、否定的な側面や要素に気づいて、それを変えなくてはと思っても、思考や性格や行動パターンはなかなか変えられないと感じているでしょう。これは、下位無意識に振り回されていて、自由ではない状態と考えられます。おとなになって経済的に自立し、自由に生きようとしても、多くの人が、自分自身の下位無意識から解放されておらず、真の意味で自由になれていない、と言えます。

無意識の領域に光を当てて気づきを増し、否定的なエネルギーに対処することは、心身の健康や平安、自立、成長、自己実現のためにも、また良い人間関係の構築や、社会的な問題の解決のためにも重要だと、アサジオリは早くから考えていたのです。下位無意識に関連した否定的要素と、そのとらえ方については、パーソナル・サイコシンセシスのところ（第5章および6章）で述べます。

中位無意識は可変的である

中位無意識（２）は、今は忘れているけれど、思い出そうとすればすぐに思い出せる、あるいは気づいていないけれども、気づこうとすればすぐに気づくことができる領域、身についていてすぐに活用できる能力やスキルなどのある領域です。

ここはまた、可変的でもあるといわれます。それはどういうことかというと、例えば理想の自分をイメージしつづけることで、それが自分の無意識に伝わり、達成しやすくなるといった、意識と無意識の双方向への仲立ちをするところなのです。アサジオリは、「経験の同化や未来の活動への準備が起こる領域」であると述べています。

絶えず変化する意識（気づき）の領域

大きな無意識に囲まれた真ん中に意識（気づき）の領域（4）があります。いま気づいている部分です。意識してみると、五感や感情、思考、直観、衝動、欲求などが絶えず変化していることに気づくでしょう。

これは、「自分で自分だと思っている自分にあたる部分」です。無意識の領域に比べれば小さく、自分のごく一部であり、本当の自分はもっと大きな無意識の世界をもっていることを示しています。ここは、内的な気づきの広がりにより、形も大きさも刻々と変わります。

意識の中心「パーソナルセルフ」

この気づいている意識の領域の中心に、パーソナルセルフ（5）（以下、pセルフと略称）があります。個人の意識の中心にパーソナルセルフの概念を導入したことは、サイコシンセシスの大きな特徴です。パーソナリティとは、身体をもった現実の個人のアイデンティティであり、ｐセルフはその中心の核となるものです。

ｐセルフはＴセルフと点線でつながっています。これは、ｐセルフが、Ｔセルフを現実のパーソナリティレベルに投影し、現実に表現しうる代行的役割を持つことを示しています。アサジオリはｐセルフを小文字のセルフ（self）、Ｔセルフを大文字のセルフ（Self）で表わすこともありました。そして、「セルフは二つあるわけではなく、二つの次元で体験される」と述べています。Ｔセルフとのつながりが点線なのは、目に見えない本質的なＴセルフとのつながりは気づきにくく、途絶えやすいことを表わしています。

ｐセルフは自己意識の中心であり、パーソナリティ全体の中心といえます。ｐセルフは、自分の意識・無意識の諸要素に気づく主体です。実際には、私たちはふだん、抽象的なＴセルフはもちろん、このｐセルフにすら気づかないことが多いのですが、ｐセルフは誰もが意識的に体験したり、強化したりできるのです。私自身、診療の場やワークショップなどで、ｐセルフへの気づきは誰にでも可能なことを実感してきました。

pセルフはサイコシンセシスの要

あとで述べるように、アサジオリは、pセルフを適切な方法によって喚起し、育成し、強化していく技法を開発しました。サイコシンセシスでは、pセルフに体験的に気づいてこれを強化し、その気づきを卵形図形の下位からトランスパーソナル領域に広げていく中で、本当の自分はTセルフであること、pセルフはパーソナリティレベルにおけるTセルフの投影であることに気づくよう支援するのです。pセルフとTセルフがつながって、pセルフが内的世界に気づき、「意志」を喚起し発揮していくことで、自己実現は可能になります。

このようにpセルフは、サイコシンセシス独自の体験的概念であり、Tセルフよりも身近で、現実的に誰もが実感しやすいものです。pセルフは、Tセルフと現実の自分、無意識と意識、自分と外の世界など、対極の関係にあるさまざまなものを結びつけ、統合していく要(かなめ)なのです。

三段階の集合無意識

卵形の外側は他者のいる世界であり、他者とも共有する「集合無意識」(7)の世界です。私たちは「大海の一滴」であり、「孤立した存在ではない」というアサジオリの言葉のように、他者、社会、世界とつながっていて、互いに無意識に影響を与え合っているという見方が、ここに現われています。私たちの無意識には、個人としての無意識以外に、家族や地域、国や人種などの歴史や文化、地理的な条件などに関係して、集団として共有している無意識があります。外国に行くと、自分が日本人であることを急に意識するようになるなどと言われますが、自分の中のそういう部分について、ふだんは無意識だということです。

この概念はユングのいう集合無意識の考え方と似ていますが、サイコシンセシスでは個人の無意識に対応して上中下に分けられます。例えば日本という国の下位の集合無意識として、日本のあり方に影響をあたえるような否定的なものがある一方、トランスパーソナルの集合無意識には日本独自で、さらに大きな集団である世界に貢献できるような、素晴らしい特性やエネルギー、そして意志があると考えることもできます。

卵形図形が意味するもの

卵形図形は、pセルフを通してTセルフにつながれば、Tセルフを通して、いのちの根源や他者のTセルフとつながれることを表わしています。「Tセルフは互いに親密である」とアサジオリは言っています。

現実には、自分と他者は身体が別であり、つながりには気づかない、あるいは集合無意識の下位のレベルで曖昧なままつながることもしばしばです。しかし私たちはそれぞれが、いのちの根源が個に現われた尊厳ある存在であり、深い源では、それぞれが互いに同胞なのです。

私たちは下位無意識に光を当てることで解放され、これに振り回されなくなり、真の自己につながりやすくなります。トランスパーソナルの領域にも光を当てることによって、この領域に潜在している自己の特性やエネルギー、人生の意味や価値に関係するTセルフの意志にも気づくことができます。そしてTセルフにつながることによって、いのちの根源や他者や世界とつながりながら、自己実現的に生きることができるようになっていくのです。私たちは個人から集団へ、そして人類として一つになっていく、つまり個人の自己実現的な生き方が、人類としての平和と発展につながる可能性を、この卵形図形は示しています。

卵形図形は、「自分が大事か、他者が大事か」といった、「あれかこれか」の対立的なとらえ方ではなく、他者とのつながりやいのちは自己に内在しており、他者と対立するのは下位無意識に振り回される自分であり、自分自身が真の自己につながるように無意識に光を当てることが重要である、つまり「自分の中に答えはある」ととらえるのです。

前に述べたように、自分で自分だと思っている自分、あるいは一般に自己実現というときの自己は、本当の自分のごく一部です。サイコシンセシスでいう「自己実現」とは、「真の自己」の実現であり、これは、Tセルフがこの卵形図形を統合して、Tセルフの意志を実現していくことを意味しているのです。

第3章　スターダイアグラムで気づく心の働き

スターダイアグラムとは

スターダイアグラムという、卵形図形と共によく知られている、サイコシンセシス独自の地図（次頁）について説明します。

これは、卵形図形を立体的なものとして、pセルフを通って意識の領域を横に切った断面図です。絶えず変化している私たちの意識を、「心理の諸機能」の面からとらえたものです。

心理の6つの機能

自分の内面に意識を向けると、私たちの中では、分析したり考えたりする知性や理性

（いわゆる「あたま」の働き、左脳的働き）と共に、感情・情動、身体感覚、衝動・欲求、イメージ、直観などの心の働きが、絶え間なく続いていることに気づくでしょう。これらの心の働きを、「心理の諸機能」と呼びます。

ユングは、「感情」、「感覚」、「思考」、「直観」という四つの機能に分けて考えました。彼のこの考え方は、「内向性」、「外向性」と組み合わされて、人の性格を分類するのに使

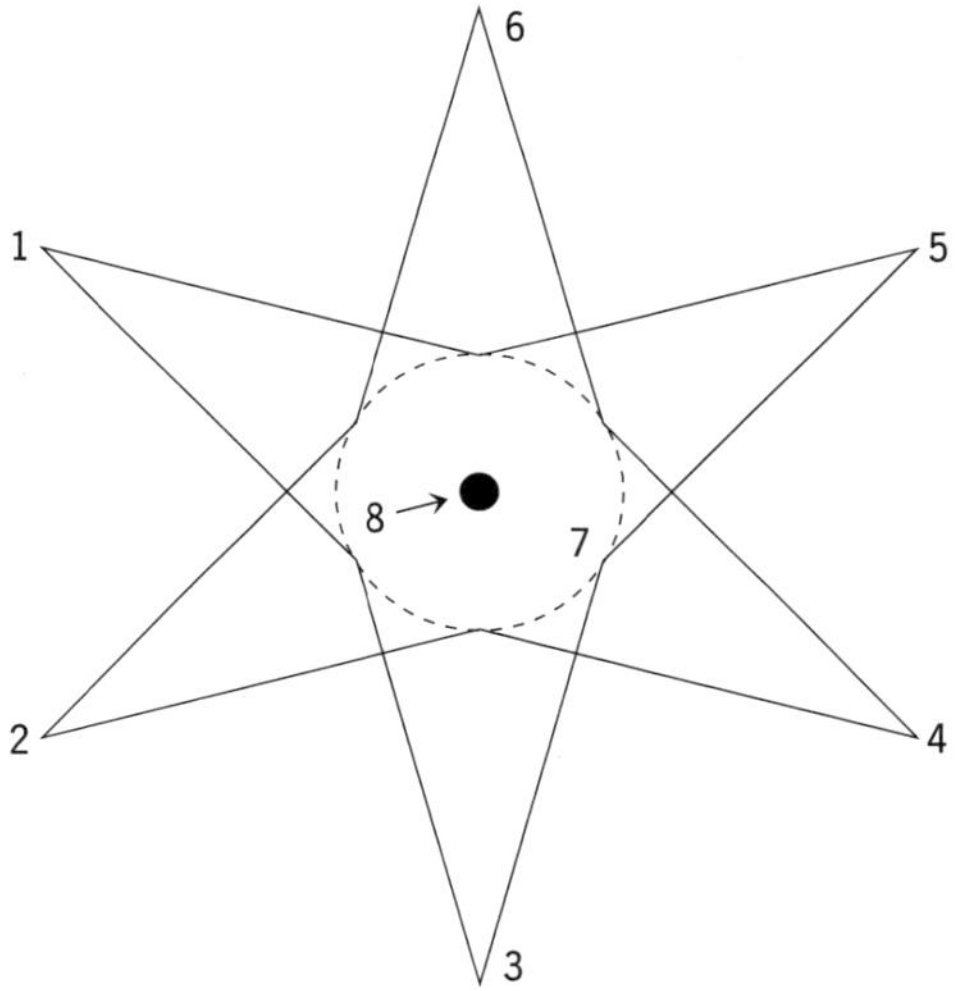

１　想像（イメージ）
２　感情・情動
３　感覚
４　衝動・欲求
５　思考
６　直観
（以上が心理の６つの機能）
７　意志
８　ｐセルフ

図３　スターダイアグラム

われています。アサジオリはこれらに、さらに「衝動・欲求」と「イメージ」の二つを加えたのです。

この地図は、私たちの心の中では、いろいろな心理の機能が働いていて、外界や、自分の意識、無意識からの影響により、あるいはお互いの刺激により、これらが次々に変化し、私たちに影響を与えていることを示しています。この図は、どれが活発でどれがそうでないか、どの機能をよく使っているか、どの機能が自分にとって大きな影響を持っているか、などの諸機能のバランスや互いの関係、そして自分を動かすものに気づくのに役立ちます。

まず心理の諸機能に気づく――エクササイズ

私たちは、アサジオリのいうように、外界や無意識の影響を受けたこれら心理の機能、例えば衝動や感覚などに反応して、行動を起こしていることに気づきます。心理の諸機能に振り回されて生きるのではなく、逆にこれらを活用していくのが主体的な生き方です。主体的に生きていくには、このような自分の内的世界の現実に気づくことがまず必要です。実際に、自分の中で変化している心理の諸機能に意識を向けてみましょう。

静かなところで、目を閉じ、自分の内界に注意を向けてください。そして、意識の流れ、心や身体の感覚を観察してみてください。いろいろな考えや、視覚的、聴覚的、身体感覚的なイメージが浮かんできたり、あるいは暑さ寒さなどを感じたり、また、思考、衝動・欲求、感情、直観などが、出てきたり消えたり、変化したりしているのではないでしょうか。少しの間、これらの変化に意識を向けてください。

いかがでしたか。たとえ数分間だけでも、毎日これをやり続けると、いろいろなことに気づくと思います。

気づきの主体に気づく

アサジオリは、「自己意識は、意識の諸要素と混同されたり、これらに覆い隠されたり歪められたり、またあいまいなものとして体験される」と述べています。心理の諸機能は次々に変化していきますが、その時々の思考や感情が自分自身であるような錯覚を持つことがあります。サイコシンセシスでは、心理の諸機能に気づくと同時に、これらが次々と変化する中で、これらとは違う、変化するすべてに気づいている、気づきの主体があることにも気づくことを促します。この気づきの主体をｐセルフと呼ぶのです。

この地図は、次々に変化する心理の諸機能の真ん中に、ｐセルフを位置づけ、気づく対象である心理の諸機能と、気づく主体pセルフとの関係を示しています。

この図はさらに、「意志」をpセルフの近くに位置づけていることも特徴です。意志は心理の諸機能を方向づける役割をはたします。その意志を発揮するのは、気づきの中心、意識の中心pセルフです。すなわちpセルフは、「気づきの主体」であると同時に、気づいた心理の諸機能を意志により調節し、方向づけ、管理する、「意志の主体」でもあるのです。


気づきの主体pセルフに気づく――エクササイズ

次に、pセルフに気づくためのエクササイズの例を示します。

静かに座って、ゆっくりと腹式呼吸をし、心も身体も落ち着いてくるのを感じとるようにします。ゆっくりと静かに呼吸をして、心が静かになってきたら、鼻を出入りする空気の感覚に意識を向け、集中し、しばらくの間これを感じつつ、この感覚を観察してください。この感覚に集中しているつもりでも、思考、感情、衝動・欲求、イメージ、直観などが次々に出てきて、意識が移り変わっていくことに気づくかもしれません。気づいたらまた、息の感覚に意識を向けてください。それでも、すぐにまた自分の思いや何かの記憶がよみがえったり、イメージが浮かんだり、あるいは背中の痛みやコリを感じるなど、心の中は絶えず変化してゆくことに気づくでしょう。このようにして、自分の中で起こっていることに気づき続けてみてください。観察し続けるといってもよいでしょう。

そのようにして、心理の諸機能にしばらく気づき続けたら、自分自身に向かって、「気づき続けている主体は何だろうか」と問いかけてみてください。息の感覚や音やイメージなどの気づいた対象とは別に、それらに気づいている何かがあることに気づくと思います。そこで、その気づき続けている何かに気づいてください。

いかがですか。この地図に表わされているように、意識の中で姿勢や呼吸を変えることにより、心が静かになるなど、心理の諸機能が互いに影響を与えながら、次々と変化していることが感じられるでしょう。それと共に、「気づく主体は何か」という問いにより、明確にではなくても、それらのどれとも別のものとして、それらに「気づき続けている何か」があることに、気づかれたのではないでしょうか。それが、「気づきの中心、ｐセルフ」です。

このようにして、「意識の中心」であり、「気づきの主体」でもあるｐセルフに、体験的に気づくことができます。

ふだんはなかなか気づかない

気づき続ける演習や瞑想は、宗教の修行や、心理ワークなどでよく行なわれます。ヴィパッサナ瞑想（「いま・ここ」の自分に気づき、意識を集中する瞑想法。元は釈迦（シャカ）が悟りを開いた独自の方法）といわれる小乗（しょうじょう）仏教の方法もそうです。これにより、心が静まり内的世界に気づきやすくなり、自己統御もしやすくなると思います。このpセルフという気づきの主体に注目し、体験を通してpセルフを実感することを重視するのは、サイコシンセシス独自のやり方です。

私たちは、このpセルフになかなか気づかないのですが、心理の諸機能への気づきを増した後に、「気づき続けているのは何か」と自らに問い、かすかであっても、その「気づき続けている何か」を実感する体験を通して、pセルフへの気づきが促進されるのです。

pセルフの「意志」

pセルフは気づく主体として、変化する心理の諸機能全体を見渡すことができます。また、意識的にそのどれかに注意を向けたりそらしたりすることも、それらを方向づけたり調整することもできます。これは、Pセルフの「意志」の働きによるものです。いま紹介したエクササイズでも、意識を内側に向ける、鼻のあたりに意識を向け息の出入りする感覚に気づいてみるというところには、じつは「意志」が働いています。この「意志」に注目することも、サイコシンセシスの特徴です。

サイコシンセシスでは、「意志」は、心理の諸機能と並ぶものではありません。ｐセルフがこれらの機能の上位にあって、「意志」は、ｐセルフがこれらに気づいた上で方向づけをするために発揮する高次の機能ととらえます。つまり「意志」はｐセルフの機能であり、ｐセルフは「気づきの主体」であると同時に、「意志の主体」でもあるのです。このことを実感できるまで、これらのエクササイズを日々実践してみてください。

意志の働きと自己管理（セルフコントロール）

ｐセルフを育成し、気づきと共に意志の働きを育成すれば、外からの刺激によって反射的に反応するのではなく、外界や内界の動きに振り回されるのでもなく、落ち着いて、気づいた上で、自己一致する方向に意志を発揮する主体的な生き方が可能になります。

自分の中が不調和であれば、他者とのよい関係も築くことができず、また、見えないところにあるＴセルフとのつながりも、阻まれることがあります。

他者と関わるときには、その言動などの刺激に対応して、心理の諸機能が次々に働き、衝動・欲求に動かされ、反射的に自分の言動に現われることがよくあります。例えば、他人に怒鳴られたり、自分の思い通りにいかなかったりすると、すぐに怒鳴り返したり、心を閉ざして表情も硬くなったりするといったぐあいです。このような衝動や欲求に任せた後では、その言動を後悔し、自分を恥じたり責めたりすることもあるでしょう。これは、感情や欲求に振り回されて、自己管理が不十分だということです。これでは、他者とのよい関係を築くことはできず、社会的な信頼を失うことにもなりかねません。

心理の諸機能に気づいた上で、意志の働きによって「自己管理」することは、自分の内面の平和や主体性の確立のためにも、真の自己とつながるためにも、また他者との関係を築く上でも大切です。

「自己管理」と「抑圧」の勘違い

ただここで、「自己管理」を「抑圧」と勘違いしないように注意してください。理性によって言動を自己管理することは、しばしば感情や衝動を抑圧することになります。感情はエネルギーを伴います。例えば、気持ちが昂ぶると動悸が激しくなったり、手が震えたりします。感情的に傷つくと胸が痛くなったり、嫌な感情を抑えようとすると胸が苦しくなったり、身体が硬くなったりします。そういうさまざまな身体反応や感覚が起こるのは、自分自身の内面を観察すれば、すぐにわかると思います。これは感情のエネルギーが、形を変えて身体に変化をおこしたのです。そこで、感情や欲求を理性で抑圧したままにしておくと、抑圧された感情のエネルギーは、血圧が上がったり免疫力が低下したりするなど、無意識と密接に関係のある身体に大きく影響するのです。

つまり、自己管理は、一般にいわれるように理性で衝動や感情を抑えるだけでは不十分なのです。もちろん、怒りがわいた時、すぐに言動に出すのではなく、一時的に理性で抑えることは、社会人として必要でしょう。ただ、その後で、抑圧された感情に気づき、否定的エネルギーが蓄積せずに流れるようにする必要があるのです。例えば言葉にする、日記に書く、歌を歌う、身体を動かすなどのことをすると、エネルギーが動いて身体の感覚も変化し、理性も働きやすくなり、気づきも増すということがあります。理性だけで自己管理するのではなく、理性も含めた心理の諸機能のそれぞれにｐセルフが気づいた上で、意志を発揮するようにしないと、無意識に振り回されることになります。主体的な自己管理には、ｐセルフの「気づきに基づいた意志」が必要なのです。

ふだんの生活でどんな刺激があると、あとで後悔するような言動や不健康な身体の反応を誘発するのか、心理の諸機能がどう反応してそのようなことになるのか、そういう言動にいたる一連の変化に気づくことも、有用な実習になります。時々、自分は何に動かされやすいか、何が自分を振り回すのか、どういう感情に言動が左右されるか、その感情を誘発する外界の刺激は何か、というようなことにも気づいてみるといいと思います。そして、そういう感情が起こったとき、すぐにそれに気づいて、さらにpセルフに気づくようにすることは、自己管理の、ひいては主体的なあり方への第一歩です。

「自分の意志」とは何か

なお、「〜したい」「〜したくない」「〜が欲しい」などの衝動や欲求を、「意志」と勘違いしたために起こる問題もよくみられます。

自己管理に関する誤解と同じく、「自分の意志とは何か」についての勘違い、すなわち意志の「とらえ方（心理学では「認知」という）」の誤りも、教育や社会における問題の一因になっていると思います。

サイコシンセシスでは、意志とは、欲求や知性も含めて自分の中の状況に気づくと同時に外の世界にも気づいた上での、pセルフの意志です。pセルフが自分の内外の諸要素に気づき、その上で意志を発揮してこそ、真に自己管理した上で自分の意志を表明でき、言動に主体的に責任を持つことが可能になるのです。

意志については後でまた述べますが、心理の諸機能の図は、気づきの主体であるpセルフのそばに意志をおき、意志の主体とは何かをとらえ直し、「ｐセルフと自分の意志」、「アイデンティティの中心（コア）と意志」の密接な関係に気づかせる点で重要です。

心理の諸機能は無意識からのメッセージ

その時々における自己管理だけでなく、大事な選択や決断の際の意志にも、心理の諸機能は大きく関係します。意志を発揮して選択、決断するために、「自分の中に答えを探す」上で、すでに述べたように重要なメッセージとしての役割を果たすのです。

私たちはさまざまな意志決定をして、自分の行動や、進む方向を決めますが、それは何によって、どのようになされるのでしょうか。

私たちは、欲求や願望を意志と勘違いすることがよくあります。また一方で、社会に受け入れられる意志決定は、一般的には情報を客観的に分析した後、理性的になされるものとされます。しかし、いま見てきたように、サイコシンセシスでは、理性は心理の諸機能の一つにすぎないのです。

サイコシンセシスでは、卵形図形で示したように、私たちは大きな無意識の世界を持つと考えられます。真の自己につながる生き方を阻んでいる問題は下位無意識にあり、一方、大切な価値や人生の意味などは、トランスパーソナル領域にあると考えられます。そこで、人生の選択や決断をするときには、意識領域だけでなく、無意識に気づいた上で意志を発揮することが、大切になるのです。

前に述べたように、無意識に気づくためには、知性だけに頼るのではなく、イメージ、感覚、感情、直観、衝動・欲求など他の心理の諸機能も活用します。特にトランスパーソナル領域のメッセージを得るためには、イメージや直観が重要です。「イメージは無意識の言語である」と、アサジオリは言っています。

エネルギー感覚を働かせる

意志決定のときには、特にエネルギー感覚が重要だと私は考えています。将来の目標を設定するときに、「〜すべきだから」とか「周囲に期待されているから」というような理由だけでは、エネルギー感覚はあまり働かないでしょう。これは、「自分の中に答えを求め」た結果ではないからです。目標を達成した自分をイメージしたとき、深い感動でぞくぞくしたり、うきうきしたりするような、エネルギーが流れる感じや、これでよいという自己一致の感覚があれば、それは自分自身の目標になり得ます。逆に、どこか腑におちない、胸がつかえるなどということがあれば、これは直観が反対して、エネルギーが流れていない状態だと考えられます。

直観的に身体に違和感があるときには、抑圧せずに、それが何なのかを探る必要があります。調和がとれたエネルギー感覚があれば、その決定は自分の深いところと一致している可能性が強くなります。身体も感覚を通して、意識・無意識とコミュニケーションしているのです。いきいき、わくわく、元気、落ち着きなどは、エネルギー感覚で感じるものです。

「将来何をしたいのか」と問われたら

また、若者は「将来何をしたいか」とよく問われると思いますが、具体的なことはわからないという人が多いと思います。当面の課題から離れて、自分はどんなときに心から楽しいか、感動するか、どんなときに涙が出るか、または痛みを感じるか、どんな時に熱くなれるかなど、深いところで自分が無意識に大切にしている価値に気づくことは、生き方を決めていく上でとても大切です。

このように理性のみでなく心理の諸機能を活用することで、無意識のメッセージ、つまり深いところにある「内なる答え」に気づくことができます。これが「自分の中に答えを探る」ということです。それらを、大事な決断の際のメッセージとして活用することが大切です。

そのための前提として、感性が活発で鋭敏であることが重要です。近年、知育偏重から脱却し、感性教育も進めようという動きもありますが、サイコシンセシスではこのように、心理の諸機能に気づき、それを自己管理できるよう意志の訓練をする一方、弱い機能を喚起し、育成しながら、活用してきたのです。

イメージ体験で大切な価値を見つける――ケース

二十年ほど前のことですが、サイコシンセシス講座のイメージ体験で、大切な価値を見つけた女性の例を紹介します。

彼女は当時四十代で、子どもはなく、夫婦二人で暮らしていました。地方に住んでいたので講座には出席できませんでした。それで講座のテープを購入し、自宅で聴き、「誘導イメージと音楽によるイメージエクササイズ」を行ないました。

そのエクササイズで、彼女は音楽をバックに、子どもの頃、義母と毎日お風呂に入ったときの親密で楽しい時間を、イメージの中で再体験したそうです。すっかり忘れていた義母との時間、その時のお風呂場の様子やお湯の中の感じ、義母の肌の感じ、遊んでくれた義母の声や手の感触、親密感、嬉しさや楽しさ、わくわくした感じを体験でき、それが自分の意識の中にあった義母への思いとは違っていたので、ずいぶん驚いたそうです。彼女はその後、講座に出席し、感謝したい人とイメージの中で会い、十分に交流するというエクササイズをしたのですが、このときイメージの中で義母と会い、感謝の思いを伝えることができました。

現在、彼女は年老いた義母の介護を生活の軸として、平穏に暮らしているとのことです。この時のイメージ体験のおかげで、義母を大切にしようと心から思えて、今があると言っておられます。まさに、イメージを活用して、その体験によって心理の諸機能を働かせ、ふだんは思い浮かばなかった大切な価値を見出し、その後の生き方に生かすことができたのです。

「巧みな意志」と「心理の法則」

ｐセルフが意志決定をして目標や方向性を決めたあと、さらにそれを達成するために意志を発揮します。そのときのサイコシンセシス独自の視点を紹介します。

アサジオリは、「意識と無意識の間には双方向にコミュニケーションがある」と言います。ここで紹介する「心理の法則」は、無意識からのメッセージを意識の領域で受け取るのではなく、意志で決めたことを、心理の諸機能を活用して無意識や身体に伝え、うまく意志を実現するという逆の方向です。

目標達成には、ただ力づくでがんばる強い意志が必要だと、私たちは思いがちです。これに対してアサジオリは、目標達成のためには、心理の諸機能が互いに影響することを活用し、pセルフがこれをうまく舵取りして、無駄のないエネルギーで成し遂げることが大事であることに気づきました。彼は、「意志は心理の諸機能の相互作用を方向づける」と述べています。そして、心理の諸機能やエネルギーの相互作用を巧みに生かし、少ないエネルギーで有効に働き、目標を達成しやすくする意志の働きを、「巧みな意志」と呼びました。アサジオリは、「車を移動するのに、後ろからただ力で押すだけなら、それは強い意志を使っている。もし運転席に座り、キーを差し込んでモーターを始動させて車を運転するなら、私たちは巧みな意志を使っている」と、わかりやすく説明しています。「強い意志」は、意志の一つの側面にすぎないのです。

「巧みな意志」の例

サイコシンセシスで体系化され発展したイメージトレーニングやイメージ療法は、広く知られています。特にイメージトレーニングは、今ではスポーツ界をはじめ、広く活用されています。これはイメージを活用することで、身体感覚や感情、思考、直観など心理の諸機能が動き、心身両面に肯定的な影響を及ぼし、強い意志でがんばらなくても目標を達成する方法で、「巧みな意志」を用いた例です。

先にあげた女性の、義母とのイメージの例は、無意識からのメッセージを得て気づくという方向でしたが、このイメージトレーニングの場合は、意識から身体や無意識にメッセージを伝えるという方向で、イメージを活用します。

ｐセルフが「巧みな意志」によって、心理の諸機能を「思うように刺激し、調節し、方向づけをし、目標に到達する」には、「そこに働く力、つまり意志の働きを決定する法則を知る必要がある」とアサジオリは考えました。そして、誰もが「巧みな意志」を活用できるように、心理の諸機能のエネルギーを伴う相互作用を観察し、その原則を「心理の法則」としてまとめました。

心理の法則

ここでその「心理の法則」を紹介します。

１　イメージ、つまり心に描く像や考えは、それに対応する身体反応および外的行為を生み出す。イメージはすべて動的要素（＝エネルギー）を持つ。

２　姿勢、動作、行為は、それに対応するイメージや思考を生み出す傾向がある。それらはさらに、次の法則にしたがって、対応する情動や感情や気分をひき起こしたり強めたりする。

3 イメージは、それに対応する情動や感覚をよび起こす傾向がある。

4 情動や印象は、それに対応する、あるいは関連するイメージや思考を強化する傾向をもつ。

5 欲求や願望は、対応するイメージ、考え、情動をひき起こす傾向がある。イメージや考えは、第1の法則に従ってそれに対応する行為をもたらす。

6 注意を向け、興味を持ち、確認し、反復することは、その対象となる考えやイメージを強化する。

7 ある行為を反復して行なうことは、その行為を持続しようという気持ちを強化し、またその遂行をより簡単にする。そしてついには、その行為は無意識的になされるようになる。

8 さまざまな心理的機能やその組み合わせ、後で述べるサブパーソナリティにおける諸機能のいろいろな組み合わせは、私たちの気づかぬうちに、意識的な意志とは無関係に、あるいはそれにさからって、何らかの手段を用いて目標を達成しようとする。

9 イメージ、欲動、情動は、表現されることを欲する

10　心理的エネルギーは以下の道筋で表現を見出すことができる。
（1）発散やカタルシスなど直接的に
（2）象徴的行為により間接的に
（3）変容の過程を経て

心理の法則の意義

イメージが心理の諸機能に影響することはすでに述べましたが、私たちは日常的に、思考が感情に影響することや、行為を反復することの効果などを体験しています。

サイコシンセシスではイメージをよく使います。私たちは、どんな感情が湧き起こるかを、自分で直接的に決めることはできません。しかし、間接的に、イメージや姿勢や言葉などによって、感情を導き出すことはできるのです。

また、巧みに生きている人は、自分を望ましい方向に向かわせる上で、これら心理の諸機能の相互作用をうまく使っています。「巧みな意志」を意識的、無意識的に活用して自分の心をコントロールし、目標を達成しているといえます。私たちは、心理の法則を知り、心理の諸機能やその相互作用を意識的に活用することで、意志を巧みに発揮することができるようになるのです。

ｐセルフの姿勢

次に「セルフの姿勢」について説明します。イメージエクササイズや深呼吸をするときに、私は「ｐセルフの姿勢」と呼んでいる姿勢を大事にします。これは、姿勢を意識することにより、身体の感覚を通してイメージや感情、思考などに影響を与えるという、心理の法則にのっとったものです。

まず椅子に深く座り、目を閉じ、足をしっかり地面につけ、地面に支えられている感じで座ってください。両手は手のひらを上にして腿の上に軽くおいてください。背筋を軽く伸ばし、大地に支えられているのと同時に、自分で自分を支えていることを感じてください。

このような姿勢をとるだけでも、受動的な感じから、主体的な感覚が出てくると思います。つまり身体の感覚が、感情や思考やイメージといった、他の心理の諸機能にも影響することがわかると思います。実際にやってみて、感覚やイメージや考えなどの変化に気づいてみてください。その後、自分の中の静けさ、確かさ、いのちのつながりを味わうような深呼吸をすると、さらに効果的です。

これは、医療の場で数十年にわたって、私が患者さんと共に行なってきたもので、実際にやってみれば、さまざまな効果が実感できると思います。心理の法則の通り、姿勢や呼吸の仕方で感覚が変わり、それと共に感情が静まり、考えが落ち着いてきて、エネルギーの感じが変わってくることに気づいてください。

心理の法則から見たいくつかの技法

教育や自己啓発などの技法を、心理の法則や「巧みな意志」の視点からとらえると、有効性の根拠が合理的に説明でき、さらに応用も効くようになります。例えば、先に挙げたイメージ療法、イメージトレーニング、イメージ面接、イメージエクササイズ、GIM（音楽によるイメージ誘導法）など、イメージを活用した技法は、サイコシンセシスで開発され応用されてきたものですが、これらは心理の法則を生かしたものです。コミュニケーションの技法、癒しの技法、トレーニングの技法なども、よく観察すると、この心理の法則にのっとっているものが多いのです。

音楽療法、絵画療法なども、このような仕組みを利用して心身によい効果を与えるものです。ゲシュタルト療法（「いま・ここ」での感情や身体感覚の体験を通して自己に気づき、ゲシュタルト〔全体性〕の回復を図る心理療法）などは、感覚や姿勢が心に、つまり他の心理機能に影響することを生かしています。認知療法（誤って学習した考え方やイメージを修正・再学習し、問題行動の改善を図る心理療法）は、ものの認知のしかたの裏側にある思考が、次々に感情や身体感など心理の諸機能に影響し、さらには行動に影響することから、思考のとらえ直しをします。

禁煙やダイエットに「巧みな意志」を使う

生活習慣を改善しようとするとき、例えば禁煙やダイエットにおける行動療法では、意志で選んだ目標を、心理の法則に則って「巧みな意志」を活用して達成することを支援します。

例えば、「タバコをすわない」、「過食しない」といった否定形の目標は、エネルギーを抑圧するだけで、成功時の自分のイメージがないために、なかなかうまくいきません。

一方、目標を肯定的に表現し、達成した時のイメージを五感で感じられるように明確にすると、目標は達成しやすくなります。これは心理の法則にのっとった「巧みな意志」の活用によるものです。「自分の意志で、適切な状況で、適切な食事を、おいしく気分よく食べる」、「喫煙の代わりに、深呼吸をする、水を飲む」など、自分の意志を「確言（かくげん）（はっきりと言葉に表わしたり、イメージとして描くこと)」し、具体的で肯定的なイメージを持つことは、私自身がサイコシンセシス的アプローチとして以前から実施してきました。今では、予防医療や健康管理、コーチングなどの一つのスキルになっていて、目標達成の成功率を上げています。

このほかにも、昔から生活の中で工夫してきた心身の使い方などは、心理の法則にのっとっています。武道、茶道、華道など「道(どう)」と名のつくものは、形から入って心や身体に影響を及ぼします。これらは、心理の法則を上手に活用した、「巧みな意志」の例といえます。この「心理の諸機能」の地図は、そのようなことに気づくのに非常に役立ちます。

第4章　パーソナリティという乗り物

「パーソナリティという乗り物」の地図

ここではパーソナリティとTセルフの関係を示す、「パーソナリティという乗り物」と呼ばれる地図（次頁）について解説します。

この地図は、サイコシンセシスがパーソナリティをどうとらえているかを示しています。

（1）私たちは「パーソナリティを持った魂（Tセルフ）」である。パーソナリティはTセルフの、現実における乗り物として重要である。

（2）パーソナリティは「心・身・知」という三つの側面からとらえられる。

（3）パーソナリティの中心に「心・身・知」のどれとも違うpセルフという核がある。

（４）ｐセルフは、高次元にあるＴセルフの、現実における投影である。

この（１）から（４）についてさらに詳しく説明します。

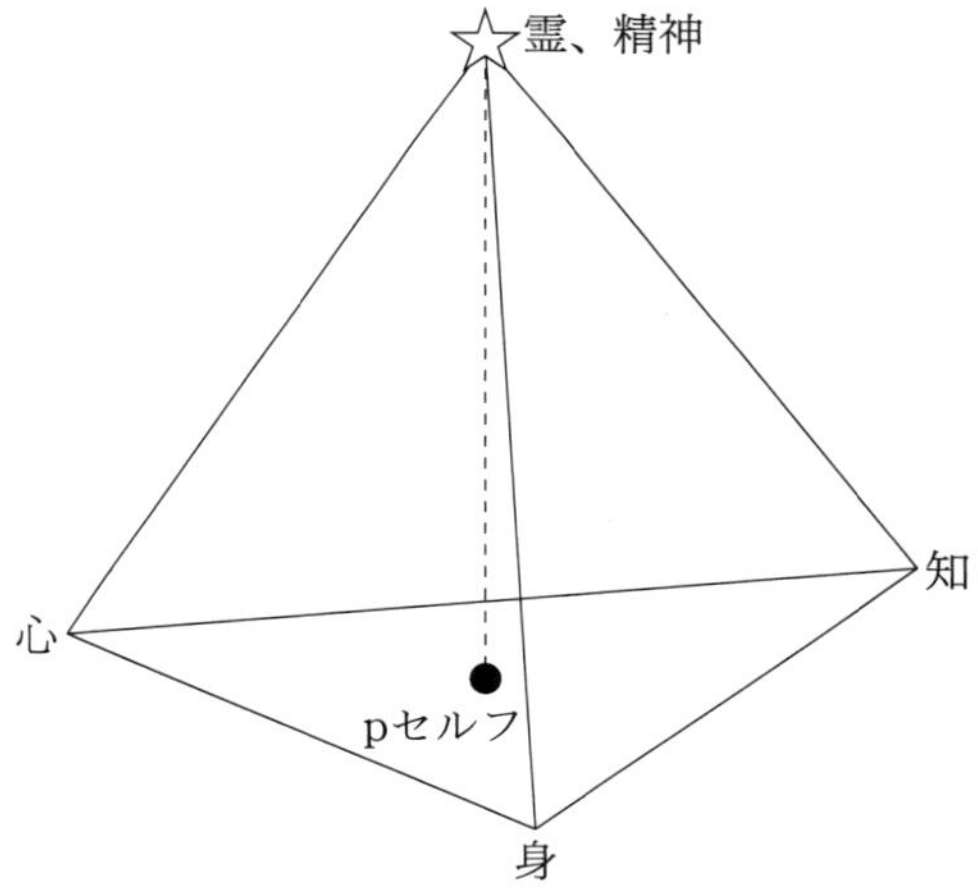

図４　パーソナリティという乗り物

Tセルフの乗り物――（1）について

この図は、私たちの存在の本質はTセルフであり、それは他者や世界とつながるトランスパーソナルの領域、高次元の目に見えない世界にあることを示しています。パーソナリティは、現実の世界でTセルフを表現するための器あるいは乗り物であり、パーソナリティという乗り物に真の自己が乗っているのです。この図は、私たちはパーソナリティを持った魂である、というサイコシンセシスの考え方を示しています。

このような考え方は、さまざまな宗教や哲学にも広く見出すことができます。「いのちが私を生きている」（E・スタウファー）という表現もあります。これまで多くの人々が、直観的にそのようにとらえてきたといえるでしょう。

サイコシンセシスでは、現実の自分は真の自己ではないから超越すべきものである、とは考えません。私たちは現実社会ではこのパーソナリティによって個性を持ち、個人として他者と区別され、先の見えない可能性と肉体的な限界の中で生きています。パーソナリティを通して、個として他者や世界と関わり、さまざまな経験をし、限られた人生を生きていくのです。他者とは、互いに別々の個として尊重しあいながら、それぞれが自立した上で良い関係を構築し、真の自己を現実に表現しようとする、そのような器であり、乗り物だといえます。

ですので、現実に真の自己を実現するためには、現実における乗り物であるパーソナリティがバランスよく発達し、調和がとれてよく機能するように、これを構築し、成長させ、健全性を維持することが大切になります。

この図はまた、パーソナリティを形成する心・身・知が互いにつながっていると同時に、日常は意識していない高次元のTセルフと、直接つながっていることも示しています。「Tセルフの種は心・身・知のどこにもある」ということと、逆に心・身・知のどれからも直接にTセルフにつながれることを示しています。

心・身・知の三つの側面――（2）について

私たちは、心・身・知という三つの側面からなるパーソナリティであるというとらえ方です。これはトランスパーソナル心理学以前の心理学や教育の考え方に準じています。この三つについて説明します。

まず「身」は、身体のことです。身体は現実世界におけるいのちの営みの器です。身体は移動することができ、自己を表現し、他者とコミュニケーションし、世界を経験する道具でもあります。身体には、自らの生存や保護のために、さまざまな道具や機能が備わっています。

また身体は情報源でもあります。私たちが持っている感覚は、身体的なものです。本書でいう「感覚」とは、五感にエネルギー感覚を含めたものを指しています。感覚は、身体からのメッセージであり、内界や外界の情報をとらえるために私たちが持つ身体の機能です。私たちは身体を通して、自分の内界とも外界とも交流しているのです。

次に「心」は、ここでは主に感情や情動を指します。感情は私たちの日常生活における重要な要素です。感情はエネルギーを伴い、身体と非常に密接に関係しています。喜びや悲しみやうつ状態、あるいは穏やかな時と感情が昂ぶっている時では、エネルギーの感じが全く違います。感情は、自分自身の内的状況や外的環境、人間関係などが影響して、自然に湧いてくるものです。ただ、これらの事実とは別に、ものごとの認知の仕方や信念など知性の働きが、無意識のフィルターになっている側面もあり、知性のあり方と感情は深く関係しています。

三つめの「知」は、知性や理性で、知識、思考、認知、信念、分析、計画などの、左脳的ないわゆる「あたま」の働きです。

心・身・知はどうつながっているか

心・身・知は外界からの刺激を受けてそれぞれが反応すると共に、互いに影響し合います。時には対立し、葛藤を起こし、あるいは気づかないまま互いに大きな影響を与え、歪みや障害をおこすこともあります。

心と身体が相関することはすでに述べましたが、心身症は、心の問題が身体に影響を与えるものです。ストレスによる心の緊張や歪みに気づかなければ、身体が悲鳴をあげて病気になり、そこで初めて自分の心に無理があったと気づくことになります。理性と感情が対立して、ストレスになることもあります。これは、身体に響いたり、あるいは行動となって外に害を及ぼしたりすることもあります。

これらの心身相関を、前に述べたエネルギーの視点から、ここでもう少し説明します。感情は強いエネルギーを持ちますが、知性はエネルギーや身体感覚とは最も遠い次元と考えられます。知性だけで他者とやり取りしていると、エネルギーが動かないで、停滞してしまいます。平和で健康の保たれた平常時には、エネルギーは個人あるいは集団において、全体に静的な状態で調和しています。いきいきしている時は、動的な方向性も加わりながら、全体として調和していると考えられます。

心身の状態を自己管理することは、自己実現の基盤として有効に機能するパーソナリティを整える上で重要です。

心・身・知から自分に気づく

私たちは自分の内界に意識を向けることで、今まで無意識であった自分の心・身・知に気づくことができます。例えばいま、身体がどんな姿勢で何を感じているか、どんな時に嬉しくどんな時に悲しいか、知性はいま何を考えているか、などに気づくことができます。また心・身・知の互いのバランス、強いところや弱いところなどに気づくことも必要です。例えば感情が豊かな人とあまり動かないタイプ、感情を外に表現するタイプとしないタイプ、コントロールができる人とできずに暴発する人など、いろいろです。そのような視点から自分に気づくこともできます。

人それぞれに心・身・知の発達やバランスが異なり、心・身・知のうちでよく使うものや発達しているものが違います。体験のしかたも違います。外界からの情報の取り入れ方も、人によって理性が主だったり、感情だったり、身体や感覚に意識が向きやすいなど、さまざまです。例えば、一般的にスポーツマンやダンサーなどは身体感覚が発達し、学者なら知の部分が発達しているでしょう。

自分はどこが発達し、どこが未発達であるかに気づき、未開発の部分を開発していくことは、バランスの取れた、よく機能するパーソナリティの構築に必要であると私は考えます。

心身症やうつなどいわゆる心の問題は、感情や感覚に問題があります。仕事人間や成功志向の強い人の中には、ストレスを感じないでがんばってしまう過剰適応、「失感情」「失身体感」などといわれる状態もみられ、注意が必要です。これは、外の基準に沿ってがんばる中で、感情や感覚といった内なるメッセージを無意識に抑圧しているもので、深いところでの真の自己や他者とのつながりを阻むことになります。否定的な感情や感覚を無意識にしりぞけたり、抑圧したりしていないかどうかに気づくことは、自分が自身の人生の主人公であるために重要なことです。

心・身・知を具体的に見る

この地図は、心・身・知のどれを主に使っているか、どれを使っていないか、心・身・知のそれぞれについて詳しく気づくきっかけになります。

例えば「心」の面の感情については、自分にとって良い感じの肯定的感情と、嫌な感じの否定的感情とはどんなものか。怒り、惨めさ、悲しさなどの否定的感情は、どんな時に出てくるのか。その感情と共にどのような感覚が働き、どんな考えが出てくるか。否定的感情を怖れているのか、感じないようにしているのか、感じても表現をコントロールしているのか、などに気づくことができます。嬉しさや喜びや幸せなどの肯定的感情についても同様です。一日を振り返って、どんな状況でどんな感情が働いたか、それに対して自分はどう反応したかなど、さまざまに気づくことができます。

身体的側面では、感覚のうちでも視覚、聴覚、触覚などのどれが敏感で、どれをあまり使っていないか。例えば景色のよい豊かな自然のある所に行った場合に、緑がさわやかで雄大であるなどと視覚で感じる人もいれば、肌に触れる風や土の匂いが心地よいと、触覚や嗅覚で感じる人もいます。あるいは小鳥の声やせせらぎの音など、聴覚で感じる人もいます。これらのバランスに気づき、弱いところを意識的に強化することもできます。

知性においても、記憶力がよく知識は豊富だが考えることは苦手な人とか、考えるのは得意でも知識はあまりない人、あるいは現実的なことを考えるのは得意でも、哲学など抽象論は苦手な人など、さまざまです。

日本の教育は知育偏重といわれますが、これは特に知識を憶えることに偏っているということです。アサジオリのいう明晰な知性、思考したり分析したり、見えない世界を探究するための知的で科学的な態度を育成するのは大事なことです。

さらに知的な面としては、ものごとのとらえ方、つまり認知のしかたに気づくことも大事です。「〜すべきだ」という信条や信念には、独断的なものもあります。信条は、世界をとらえる時のいわば脳のフィルターとして、認知を歪ませ、生き方を制限し、真の自己とのつながりを阻害することがあります。ですから、自分がどんな信条や信念を持っているかに気づくことは、認知の歪みを発見する上で非常に重要なことです。

認知は、感情や体験の仕方という自分の内的現実にも、結果としての行動や振る舞いにも関係します。つまり、「態度」に影響を与える大きな要素です。「そうしないと、どうなるのか」、「その根拠は何か」という問いを持って、自分なりに深く考え、探究する態度を育成することが重要です。そうして気づくことができれば、自分の不足しているところを伸ばし、過剰なところは抑えるなど、調整することができます。

パーソナリティの発達と心・身・知のバランス

パーソナリティの発達においては、心（感情や感覚）、身体、知性の、心・身・知のすべての面での健全な発達とバランスが重要です。サイコシンセシスはサイコ（精神）という名称のために、精神や心だけを扱うと誤解されることがありますが、身体面も重視していることが、この図からわかると思います。

発達心理学的には、まず身体、次に感情、その後で知的な面の発達というように成長していくとされています。小さいときには身体の発達が重要であり、子どもは身体で世界を体験します。身体的な感覚は、子どもにとって楽しい体験として重要であり、身体には大きな可能性が潜在しています。充分に機能している身体は、日々のさまざまなことを体験し、表現し、他者とコミュニケーションする手段として、大きな役割を持っています。

教育において、身体の発達をどうとらえ、それにどう関与するかは重要な課題です。ダイアナ・ホイットモアは著書『喜びの教育─サイコシンセシス教育─』の中で、十七世紀の哲学者スピノザの言葉、「あなたの身体にたくさんのことをするよう教えなさい、そうすれば、あなたには神の愛が可能になるでしょう」を引用しています。

生活を通していろいろな身体能力や五感を発達させ、身体に関する自己コントロール能力を発達させていくことは、子どもにとって重要です。いろいろな人や出来事との出会いの中で、肯定的な感情も否定的な感情も十分に体験し、感情の自己コントロールや適切な表現を学んでいくことが大事です。

サイコシンセシスでは、このような心身の健全な体験と発達が、自己を受容し尊重する自己内調和の基盤となり、その上に健全な知性が発達し、心・身・知がバランスよく人格のなかで統合されていくことが望ましいと考えます。

知性が発達すると、感情や身体をある程度コントロールすることができるようになります。ただし、一般的には知性が心身を管理するととらえることが多いのですが、サイコシンセシスでは、知性は感情と同じ次元にあるので、感情を抑圧することも多いと考えます。

パーソナリティの中心、主体としてのｐセルフ――（3）について

この図では、心・身・知からなるパーソナリティの中心にｐセルフを位置づけています。これは、従来の心理学にはないサイコシンセシス独自のとらえ方を、視覚的に表わしています。

アサジオリは、「身体と感情、あるいは感情と知性などが互いに対立したときは、同じレベルでは解決は難しい。これらより高次元に立って調整することが必要である」、「身体、感情、知性は、私たちが行動し、体験し、知覚する、などの活動をするための、移ろい変わる一時的な道具だが、ｐセルフによって訓練され計画的に利用することが可能である」と言っています。パーソナリティの乗り物という視点で自己管理を考える際も、心理の諸機能の場合と同様です。どの地図から気づこうと、ｐセルフが、知性より上位にある「意志」を発揮して管理するようにするのです。

つまりパーソナリティレベルでは、心・身・知はそれぞれバラバラに変化したり、互いに対立したりします。しかし、どれもがパーソナリティの大切な要素や道具であり、それらを方向づける、気づきと意志の主体ｐセルフこそが、パーソナリティの核として重要であることを、この図は示しています。

このようにパーソナリティレベルでは、ｐセルフを主体として、調和の取れた、よく機能するパーソナリティの構築を目指すのです。

Ｔセルフの投影としてのｐセルフ――（４）について

この図はまた、ｐセルフとＴセルフの関係も示しています。つまり、二つのレベルのセルフが示されており、ｐセルフは、Ｔセルフの投影あるいは代行者なのです。ｐセルフはパーソナリティの中心であると同時に、他者や世界とつながる高次元のＴセルフにつながっているのです。

Ｔセルフに関係する高次元のことは目に見えないために、現代人の多くは気づかないか、あるいは受け容れにくいものでしょう。反対にこれをすぐに受け容れ、スピリチュアルの方向に惹かれる人は、現実を軽んじる傾向があります。

サイコシンセシスではパーソナリティを、トランスパーソナル領域を含む包括的な、ホリスティックな見方でとらえ、あらゆるレベルと側面を尊重します。すなわちパーソナリティレベルでは、諸側面を尊重しつつもそれらに振り回されるのではなく、ｐセルフがそれらに気づいた上で意志を発揮して、パーソナリティをＴセルフの乗り物として整えていきます。その上でｐセルフが、Ｔセルフにつながるようにして、パーソナリティレベルとスピリチュアリティを統合していく、つまりパーソナリティレベルの現実においてTセルフを表現し、自己実現していくようガイドするのです。

この「パーソナリティという乗り物」の地図は、パーソナリティレベルのみを扱ってきた従来の心理学や教育の人間観を尊重しつつ、パーソナリティをトランスパーソナルの脈絡でとらえ直しています。それと同時に、ｐセルフを主体として、スピリチュアリティやトランスパーソナル領域を含む真の自己実現を、現実に可能にしていく方向を示しています。

脱同一化から同一化へ

ｐセルフはサイコシンセシス独自の体験的概念です。私たちはふだん、現実のレベルを超えた抽象的な真の自己であるTセルフには気づきません。しかし、この「気づきの主体」としてのｐセルフには容易に気づくことができ、強化することができます。

ここで、ｐセルフに気づく上で非常に重要なサイコシンセシスの概念、「脱同一化」について説明します。その後で「パーソナリティという乗り物」の地図を使って、脱同一化によりｐセルフに体験的に気づき、最後にｐセルフに同一化する、というエクササイズを紹介します。

アサジオリは、「私たちは、自分が同一化しているものに振り回される。私たちがそれ(同一化しているもの)から脱同一化できれば、それをコントロールできる」と述べています。

私たちは、例えば怒りを感じると、自分が怒りそのものとなってしまうことがあります。そのような時、怒りに自分を「同一化」している、「怒り=自分」の状態になっています。これが、怒りに振り回される状態です。

身体に自信がある人は、「身体=自分」であると感じやすく、身体がやられると、もう自分はだめだ、価値がないと落ち込んだりします。知性に自信がある人は、例えば試験に落ちたりすると、自分に自信を失ってしまいがちです。これは、知性に同一化しすぎているからです。自分の肩書きや業績、また時には家や財産など持ち物と自分を同一化して、それがなくなると自分自身がなくなったように感じる人もいます。アサジオリの言う「同一化しているものに振り回される」状態は、自分を振り返っても、周りを見回しても、すぐに思いあたるのではないでしょうか。

「脱同一化」は、アサジオリがインド哲学から取り入れた考え方だといわれ、サイコシンセシスでは非常に重要です。「脱同一化」とは、「同一化」しているものから離れる、という意味です。何か自分の中の要素に気づいたら、そこから離れて、自分の中のひとつの事実として、それを客観的にとらえるようにするということです。

脱同一化の実際

実際に自分の中の何かに気づいたら、「自分の中にそういう部分がある、でも自分はイコールその部分ではない」と心の中で言葉にしながら、それを客観的に観察してみることは可能です。これが脱同一化している状態です。

例えば自分が怒りを感じたとき、「私は怒っている」と言うかわりに、「私は怒りという感情を持っている」、「私の中に怒っている部分がある」、あるいは「怒りの波がやってきた」などと心の中で言ってみるのです。怒りをイメージ化して、そのイメージを離れたところから観察してみるとよいでしょう。怒りを抑圧するのではなく、怒りを感じているという事実を、あるがままに受容するのです。そして、「でも怒りはイコール私ではない」と心の中で言うのです。これが脱同一化です。怒りイコール自分ととらえ、怒りを恐れていたのに対し、振り回されなくなり、気づいた上で怒りから離れ、余裕をもって、客観的に、全体の一部として大きな脈絡の中でとらえられるようになります。

脱同一化ができるようになると、それだけで楽になり、エネルギーが解放されるのを体験できると思います。

さらに自分の中のいろいろなものに気づき、そのどれからも脱同一化し、気づき続けている自分に気づくことが、気づきの中心ｐセルフへの気づきになります。「脱同一化、それに続くｐセルフへの気づきと同一化は、誰でも体験することができる」と、アサジオリは言います。脱同一化と同一化により、Ｐセルフという概念を体験的に理解し、実際にＰセルフを喚起できるようになります。

脱同一化と同一化——エクササイズ

ここでは、サイコシンセシスで必ず行なう実習の一つである「脱同一化と同一化のエクササイズ」を紹介します。まず「パーソナリティという乗り物」の図を使って心・身・知に気づき、それらから脱同一化していきます。

説明を読みながら、あるいは大体の流れをつかんだら、目をつぶり、実際にやってみて、自分の中で起こっていることを十分に味わってください。最後に、ｐセルフに同一化したときの感覚をよく体験してください。これはテープに吹き込んでやるとよいかもしれません。

ゆったりと座って、両足をしっかり床につけ、大地に支えられていることを感じながら、背筋を軽くのばして、自分でも自分を支えている感覚を感じてみてください。吐く息を大切にした腹式深呼吸を数回して、心身がリラックスし、静かな感じになってきたら、次の言葉を心の中で言ってみてください。

「私は身体を持っている。しかし、私は私の身体ではない。私の身体は、健康であったり、病気であったり、休息していたり、疲れていたり、その時々にいろいろな状態になる。私の身体は、この世界で体験し行動するための貴重な道具である。しかし、身体は単なる道具にすぎない。私は身体を大切に扱い、良い健康状態を保つように心がける。しかし、身体は私自身ではない。私は身体を持っている。しかし、私は私の身体ではない。」

これを心の中で言葉にして、自分自身で実感できるようによく味わってください。特に最後の二つの文、「私は身体を持っている。しかし、私は私の身体ではない」をくり返し唱え、よく味わって下さい。

そして、次の段階です。

「私は感情を持っている。しかし、私は私の感情ではない。私の感情は多様で、変化するものである。愛から憎悪へ、平静から怒りへ、喜びから悲しみへと動揺する。私の感情は、私が私であるために起こるものであるから、私は感情を大切にし、これに気づくようにする。私は、私の感情を観察し、理解することができる。だから、私自身でないことは明らかである。私は感情を持っている。しかし私は感情ではない。」

ここでも同様に、心の中で最後の二つの文をくり返し唱えて、よく味わってください。

それから次の段階です。

「私は知性を持っている。しかし、私は私の知性とは異なる。私の知性は、知識を得たり、分析したり、考えたりする上で大切な道具である。知性の内容は、新しい概念、知識、経験を取り入れるにつれて絶えず変化する。私は知性を、私の道具として大切にし、磨き、そして活用する。しかし、知性は私自身ではない。私は知性を持っている。でも、私は知性ではない。」

同様に心の中で最後の二つの文をくり返し、よく味わってください。

「私は、身体、感情、知性のどれでもない。私は、純粋な自己意識の中心、気づきの中心pセルフである。すべての心理的内容と身体を観察し、方向づけ、活用できる意志の中心pセルフである。pセルフこそ私である。私は純粋な自己意識の中心、気づきの中心、そして意志の中心pセルフである。」

この最後の一文を心の中でくり返して、体験してみてください。

以上はくり返しやっているうちに、ｐセルフを実感できるようになる強力な方法です。短い時間でできますので、目で文章を読むだけでなく、ぜひともやってみてください。


また、次のような簡単なやり方もあります。

「私は身体を持っている。でも身体が私ではない。

私は感情を持っている。でも感情が私ではない。

私は知性を持っている。でも知性が私ではない。

どれも私が現実に存在し、機能する上で大事である。でも私は、そのどれともイコールではない。

それなら私は誰なのか。

私は、これらのすべてに気づくことができ、どれでもないことを実感する気づきの主体、これらに気づき、意志を使うことができる主体ｐセルフである。

ｐセルフこそ私である。」

ｐセルフの感覚を強化する

いかがだったでしょうか。

心・身・知のどれにも気づき、どれともイコールではない何か、中心にいてこれらパーソナリティの諸側面を観察し、気づいている何かを、かすかにでも感じられたのではないでしょうか。また同時に、心・身・知のどれもイコール自分ではないが、自分にとってどれも大切であるという感覚も感じられたでしょう。これらを大切にすることを、自分の意志で選ぶことができる。そして自分のパーソナリティのどの要素に対しても責任があるということにも、気づかれたでしょうか。これも重要なことです。

多くの心理療法が、「気づき」を重視します。脱同一化という概念を使う心理療法もあります。しかし、「気づく主体に気づく」、そしてその「気づく主体に同一化する」というプロセスは、サイコシンセシス独自のものです。脱同一化をくり返し意識的にやってみると、気づきの主体、意志の主体としてのpセルフの感覚が強化されていくと思います。

心理の諸機能や、後で述べるサブパーソナリティについても、この脱同一化と同一化を応用してエクササイズを日常的にやってみると、有効であることを実感されると思います。

気づいた要素から脱同一化し、さらに他の要素にも気づいて、「私の中にはいろいろな部分がある。でも、そのどれも私とイコールではない。私は、これらすべてに気づくことのできるpセルフである。pセルフこそ私である」と、すべてに気づいた主体pセルフに気づいたら、最後の同一化の言葉、「pセルフこそ私である」と心の中で言ってみて、その時の自分を十分に深く体験してください。

はじめはpセルフをかすかに感じるだけかもしれませんが、脱同一化と同一化を意識的にくり返し実習することで、その感じが徐々に強化されていくでしょう。

心・身・知からのTセルフへのアプローチ

次にこの地図を活用して、現在バラバラにとらえられている人間や社会を、サイコシンセシスの視点から統合的にとらえ直してみましょう。

さまざまな心理療法やカウンセリングはもちろん、芸術、文学、演劇など、心に響いて私たちに影響を与えるものがあります。これは、心（感情）や知性や身体感覚の面から、パーソナリティへ、さらには直接Tセルフにつながるアプローチであるといえます。

教育や自己啓発、癒しの方法なども、この地図の視点からとらえると、Tセルフの実現の準備段階としての、パーソナリティへのいろいろな面からのアプローチと見ることができます。

マッサージや呼吸法などは、「パーソナリティという乗り物」の歪みを身体から修正し、癒していく、あるいはいのちとしてのTセルフを感じる方法といえます。

スポーツや踊り、音楽演奏や歌、演劇、あるいは茶道、武道といった「道」、ヨーガ、気功など、さまざまな身体技法があります。これらも、身体の面からTセルフへと向かうアプローチです。先にふれた、認知の歪みを修正する「認知療法」は、知的アプローチと考えられます。

知識を得るだけでなく、科学や哲学の真理を探究することは、合理的思考、分析的思考、抽象的思考の育成であり、これは知性を通してのTセルフへの道だといえます。

日々の生活や、他人や周囲の世界との接触でも、心・身・知によるさまざまなアプローチがあります。どこからアプローチしても、直接に、またはpセルフを通してTセルフにつながる道になりうることを、この図は示しています。

逆に、Tセルフの欲求、例えば人生の意味や価値などへの実存的欲求や、その他の大切な価値を犯されたり抑圧されたりすると、それが心・身・知のいずれかに病状や障害として出ることもあります。トランスパーソナルの病態が心・身・知に現われるので、生きることに意味を感じられず虚しくなると、やる気や元気を失い、うつ病になったり、不眠や食欲不振になったりします。思いあたる方もあるでしょう。アサジオリはこのことに早くから気づき、心・身・知の異常をそのような視点で見ることの必要性を訴えています。

WHOの健康の定義

ＷＨＯ（世界保健機関）では、単に病気ではないというだけではなく、メンタル面と身体的な面、そして社会的な「健全さ（ウェルビーイング、well being）」の面から、健康をとらえています。この場合のメンタルには、心も知性も感情も入っています。社会的な側面では、パーソナリティの乗り物を道具として使い、人間関係や社会における活動がうまく機能しているか、という視点で考えています。さらに、訳語は統一されていませんが、「スピリチュアル」な面も考慮して健康を定義しています。

つまりＷＨＯの定義は、パーソナリティという乗り物が、心・身・知のバランスがよく、内的に調和し、Ｔセルフを表現する方向で現実に機能しているかどうか、という視点でとらえているともいえます。本書の表現でいえば、病気や障害のあるなしにかかわらず、静的には、内外で調和がとれ、自分のアイデンティティをしっかり感じ、動的には、それを表わすようなエネルギーの方向性が意志によって決められるという状態、つまり横軸では他者とつながり、縦軸では自分の深いところの本質とつながったホリスティック（全人的）な状態のことです。

前に述べたように、ホール（全体）はヘルス（健康）と語源的に関係があることから、健康とホリスティックな状態は一つながりのことと考えられます。つまりサイコシンセシスは、自己実現のプロセスと同様に、健康へのプロセスを支援することができるのです。

これは、pセルフがTセルフにつながり、主体として自分のパーソナリティを指揮できることによって可能になります。この「パーソナリティという乗り物」の地図は、パーソナリティの役割や意義を考える上で、非常に有用であると私は考えます。

第5章　サブパーソナリティとどう向きあうか

私たちは何に動かされているのか

自分の意志で生き、自己実現しているつもりでも、じつは多くの人が、真に自分の意志ではなく、下位無意識に振り回されて、自分の人生の主体ではなくなっている、真の自己から疎外されているということがあります。私たちは、「自分はどういう存在か」という「アイデンティティ」の問題を、現実にどのように考えているのでしょうか。また私たちは、自分の意志で生きているつもりで、じつは「何に動かされている」のでしょうか。

サイコシンセシスでは、「アイデンティティと意志」の問題を考える上で、「サブパーソナリティ（準人格・小さな人格）」という概念を使います。

このサブパーソナリティという概念は、下位無意識に振り回されている現実に気づき、そこから解放され、人生の主体として自己実現的に生きる可能性を開く上で、多くの人に役立つものだと思います。また社会の問題を、「アイデンティティと意志」の視点から見直し、改善していく上でも、役立つと考えています。

本章ではまず、サブパーソナリティの概念を紹介し、この視点から個人と社会の問題をとらえ直してみましょう。

サブパーソナリティとは何か

図5（次頁）は、一人の人格を表わすものです。アサジオリは、「我々は身体が一つであるために、人格も一つとして確立しているように錯覚するが、じつは我々の中は多様で混沌としている」、「指揮者のいないオーケストラ」のようなものだと言います。すなわち、一人の人の中には、小さな人格ともいえる「いろいろな自分」が、たくさんいると考えられるのです。これがサブパーソナリティです。

この概念は、私たちの現実を、「個人としても社会としても、対立と葛藤でエネルギーがバラバラであることが問題」であるととらえたアサジオリの見方を、よく示しています。

サブパーソナリティとは、状況に応じて反射的に出てきて、特定のパターンを持ち、あたかも一人の人格のようにふるまう、自分の中のいろいろな自分のことです。例えば、職

図５　いろいろな自分＝サブパーソナリティ
James Vargiu 'Subpersonalities and psychotherapy' より

業とか役割で考えてみましょう。先生を職業とする人は、「先生！」と呼ばれる状況では、姿勢も言葉づかいも、声の調子や思考のしかたも、意識せずに独特のパターンになるでしょう。別の言い方をすれば、そのような状況では、心・身・知というパーソナリティの乗り物の特徴、あるいは心理の諸機能が無意識に働いて、特徴ある「○○先生」という一人の人格を示すといえます。

その人が家に帰れば、親として、夫あるいは妻として、違う姿勢や言葉づかいや声の調子、異なった思考・感情のパターンに、気づかないうちに変わると思います。また実家に帰った時には、息子、娘、兄、姉など、家族の中での小さいときからの立場や役割により、それにふさわしい姿勢、言葉、声、思考や感情のパターンなどが自然に出るのではないでしょうか。

このようにサブパーソナリティは、特定の言葉づかいや信条、感情や姿勢、心理の諸機能や、パーソナリティの乗り物としての特徴がパターン化されたもので、まさに小さな人格のようです。これは長い人生の中で形成され、特定の条件下で無意識に出てくるもので、簡単には変わりません。

性格についても同様の見方ができます。しっかり者、がんばり屋、理性的、など、私たちは性格的な特徴で人を認識したり評価したりします。しかし、同じ人でも状況が変わると、別人のように振る舞うことがあります。例えば、ふだんしっかり者と思われている人が、ある状況では臆病になったり、やさしい人が怒りっぽくなったり、職場では明るい人が、家で一人のときは暗かったり、何にでも無関心に見える人が、あることに感動して涙が止まらなくなるなど、状況により違う面が出てくることがあります。そのようなとき、私たちは「あんな人とは思わなかった」、「まじめな人があんなことをするなんて」というような反応を示します。自分でも、「こんな自分を人に知られたら嫌われるのではないか」などと思うかも知れません。しかし、本当は誰の中にも、サブパーソナリティという、さまざまな自分がいるのです。

対立する二つの面の自己紹介——エクササイズ

私のワークショップでは、毎回はじめに、「自己紹介のエクササイズ」を行ないます。

まず銘々が自分について、「好きなところ」を考えます。次に、それとまったく逆のところ、例えば好きなところが「あたたかいところ」だとすると、「冷たいところ」があるかどうかを探ってみます。すると面白いことに、ほとんどの人が、逆の面があることに気づきます。自分の中の対立する二つを決めたら、参加者二人ずつが出会って、互いに自己紹介をしていきます。その二つの面を、出会った人に伝え、「両面ある自分をわかっていただきたい」と言うのです。相手は、ただ目を合わせてその人の言うことを聞き、受け容れます。二人とも自己紹介し、互いに受け容れあったら、次の人に移り、互いにまた同じ二つの対立的な側面を紹介し、受け容れあいます。

シリーズのワークショップでは毎回、異なった好きなところと、その逆のところを見つけて、同じように自己紹介していきます。このエクササイズをすると、「好きな面の逆の面という視点で見ると、気づかなかった自分に気づき、驚いた」、「自分にいろいろな自分があることが異常なのではなく、誰もがいろいろな見えない面を持っていることに気づいてほっとした」、「人に知られたくないと思っていた部分を言ってみて、あるがままに受容される喜びを感じた。自分も人を受け容れることができ、気持ちが優しくなった」といった感想がよく出ます。友人とやってみると、何か気づくかもしれません。

誰の中にもいろいろな自分がいる

自分について考えてみてください。のびのびと振る舞える自分と緊張する自分、強い自分と弱い自分、自信のある自分とない自分、明るい自分と落ち込む自分など、状況により互いに相反するような、「いろいろな自分」が現われるのではないでしょうか。

サイコシンセシスでは、自分としては困ると思うようなサブパーソナリティがいても、その存在そのものが問題なのではない、どんなサブパーソナリティも存在意義や役割を持っている、また可能性を秘めている、ただ、「指揮者のいないオーケストラ」のように、互いにバラバラな多様なサブパーソナリティたちがかってに出てきて、私たちを振り回し、互いにバラバラであることが問題なのだ、と考えます。これは、たくさんのサブパーソナリティのいる自分を、「多くの演奏者であるサブパーソナリティたちと、指揮者pセルフからなるオーケストラ」という比喩で考えると、わかりやすくなります。

サブパーソナリティは、主に過去の状況の中で、サバイバル（生き残り）のため、適応するために形成されてきたもので、下位無意識にルーツを持っています。それぞれが、価値観やものの考え方や強い信条を無意識に持ち、その上で生存や安全、所属や承認、自己実現などへの基本的欲求のどれか一つを満たそうという、強い動機とエネルギーを持っているのです。これは「サブパーソナリティの意志」ともいえます。基本的欲求は人間に普遍的なものとされますが、それを独自の形で満たそうとするので、サブパーソナリティは普遍性と独自性を合わせ持ちます。私たちがサブパーソナリティのレベルでアイデンティティをとらえ、振り回されている現実に気づかないと、自分の意志で主体的に生きているつもりでも、振り回されたり、生き方を制約されたりします。

ｐセルフがサブパーソナリティたちを尊重し、欲求や動機を深く理解して受容し、感謝した上で、意志を発揮し、それぞれの持つ可能性を全体の中に活かしつつ、よいオーケストラを作っていくのです。その上で、ｐセルフが、どんな音楽をどんなふうに演奏したいかを自らに問い、Ｔセルフの意志を見つけ、Ｔセルフを表現するようにオーケストラを指揮して、独自の素晴らしい音楽を演奏する、これが真の自己実現的なあり方なのです。

このオーケストラの比喩は、私たちの現実についての認識と、同時に自己実現の方向性と希望を与えてくれる、サイコシンセシスのホリスティック（全人的）な人間観をよく表わしていると思います。

いろいろなサブパーソナリティに名前をつける

サブパーソナリティたちに気づくことは、サブパーソナリティに振り回されないための第一歩です。自分の中にどのようなサブパーソナリティがいるか、自分に何かひっかかる自分があるか、変えたい自分があるかと考えてみる、あるいは一定期間、自分自身を観察してみると、いくつかは見つかると思います。また、深いところに抑圧されていて、なかなか気づかれないサブパーソナリティもありますが、すぐに気づくサブパーソナリティもあると思います。

人間関係において、例えば特定の相手には「ノーが言えない」とか、あるいは「お節介」といったサブパーソナリティが出てくるかもしれません。また、自分と人との比較が気になるか、他人にどう思われるかが気になるかなど、いろいろな角度から自分のサブパーソナリティに気づいてみてください。よくある状況、例えばストレスのある状況で、あるいは人と何かを競うような場面で、というふうにいろいろな状況を想定すると、その時々で反射的に出てくるサブパーソナリティに気づくのではないでしょうか。

サブパーソナリティに気づいたら、例えば「せっかちのせっちゃん」「のろまののん太くん」「ノーの言えないネヴァノーさん」「模範生」など、自分流でユーモアを感じる名前をつけます。ユーモアは、何かに同一化している状態から、脱同一化するのを助け、エネルギーを解放し、余裕をもたらしてくれます。名前をつけると、サブパーソナリティたちが出てきたときに気づきやすくなり、脱同一化し、pセルフとして余裕を持って見るのに役立ちます。そして、もし何とかしたいサブパーソナリティがいたら、あとで述べるパーソナル・サイコシンセシスとして、それに光を当てるのがよいと思います。

支障をきたす人間関係、混乱する認知

サブパーソナリティという視点でとらえると、すでに述べたように、気づかずにサブパーソナリティに同一化しているために起こる、個人の現実の問題があります。すなわち、「人は無意識に同一化しているものに振り回される」とアサジオリが言うように、サブパーソナリティに同一化して気づかないと、それに振り回されたり、制約されたりします。あるいは多くの異なったサブパーソナリティが互いに争っていて、自分の中に調和や平和がなくなり、人間関係にも支障をきたすといったことが起こってきます。

もうひとつ、「サブパーソナリティ、イコールその人」ととらえたり、あるいは「いろいろな自分がいることは異常だと思い、混乱してしまう」という、認知に関わる問題があ

ります。

以上の二つの視点から、現実の私たちの問題をとらえ直してみましょう。

サブパーソナリティ同士は対立しやすい

一見落ち着いているようで、振り回されているようには見えなくても、アサジオリの言うように、サブパーソナリティに同一化して、じつは下位無意識に制約され、真に自由とはいえない場合があります。

ある自分とその逆の自分が対立し、葛藤する場合もしばしばあります。例えば、日本では一九九〇年代はじめくらいまでは、「がんばり屋さん」、「きまじめさん」、「完全主義者」、「模範生」というサブパーソナリティを持っている人が多かったと思います。しかし「完全主義者」のほとんどは、同時に完全ではない「さぼり屋さん」のサブパーソナリティを持っています。そうなると、積極的にがんばろうとする自分と、怠けようとする自分、あるいはそれに応えられない自分の間で葛藤が起こります。そして、「がんばらなくてはダメじゃないか」と自分で自分を批判し、「こんな自分ではだめだ」と責める「批判屋さん」も出てきてストレスになり、その結果「落ち込み屋さん」が出てくるという人が多くいました。古典的なうつ病の人に、このパターンがよく見られました。

一般に、「がんばり屋」、「さぼり屋」、それに対する「批判屋」、「落ち込み屋」などのサブパーソナリティは、従来の教育を受けた、特にまじめな方に多いと思われます。次々と出てくるサブパーソナリティにそのつど同一化し、振り回され、その視点でものごとを認知し、行動する。その結果、自分を責め、自己イメージを落とす。そして、ついにうつ病になるという道筋です。私の外来でも、特に団塊の世代までは、このような方がかなりおられました。サブパーソナリティたちは、同次元で対立しやすいので、調和することは難しく、オーケストラの指揮者が必要なのです。

「外の基準」に抑圧されて生きる

「がんばらなくてはだめ」などというメッセージは、私たちが育つ過程で周囲に適応すべく身につけた信条です。育つ過程では、「〜しなさい」、「〜してはいけません」、あるいは「がんばりなさい」というふうに、家庭や共同体独自の道徳や教えが、親や周りのおとななど「外側の権威」から、メッセージとしてくり返し与えられます。これは育つ過程でくり返し自分を駆り立てるもの、方向性を与えるものとして、重要な役割を果たします。

しかし育つ過程で、親など「外側の権威」に認められようとして、それが内在化されて信条となり、人との比較や競争を最も大事なパターンとして身につけてしまうこともあります。本書では、このようにサブパーソナリティが身につけた信条を、便宜的に「外の基準」とよびます。外側の権威からのメッセージが内在化されて、長く自分を方向づけてきたために、おとなになって状況が変わっても、気づかないまま昔のように自分自身を駆り立ててしまうことがあるのです。「がんばり屋」や「完全主義者」などのサブパーソナリティは、厳しい「外の基準」に従おうとして、自分にも他者にも厳しくなり、のびのびと自由になれないばかりか、自分の中でも他者との間でも、対立や葛藤を引き起こすことがしばしばあります。

「サブパーソナリティの意志」は真の自己の意志ではない

知的に優秀な人で、自分の意志で生きているつもりでも、その「自分」がすでに、特定のサブパーソナリティにかなり同一化している場合もあります。例えば、戦後の日本社会の発展を担ってきた人たちは、「がんばり屋さん」や「完全主義者」、「会社人間」など、特定のサブパーソナリティに同一化している人が多いと思います。その方たちは、この「外の基準」や信念にのっとった「サブパーソナリティの意志」によって、がんばって生きてきたのです。しかしこれは、真の自分の意志とは言えません。ところが、自分も周りも、それを「自分の意志」だと錯覚している場合が多いのです。

意志は、主体的な生き方や自己実現のために重要なものです。個人の意志や自由が重んじられる世の中であるからこそ、「サブパーソナリティの意志」についての錯覚に気づき、「本当の自分の意志とは何か」に気づくことが大切です。

失感情症と失体感症

このように、「サブパーソナリティの意志」を「自分の意志」と錯覚して、長いあいだ、「がんばり屋」や「会社人間」として生きてきた人は、パターンとして、外の世界に注意が向き、外の世界の情報には詳しくても、自分の内界に気づかず、自分の感覚や感情や直観などの諸機能を知らずに、これを抑圧しがちです。そのため、すでに触れた「失感情症」「失体感症」に陥って、自分では葛藤や不調和に気づかなくなってしまう傾向があるのです。

私は外来や健診で、企業に勤める働き盛りの方たちに、仕事人間、がんばり屋、完全主義者、模範生などのサブパーソナリティに同一化していると思われる例を、数多く見てきました。心・身・知のバランスでいうと、そういう多くの方が感情より知性を優先して、サブパーソナリティの信念が感情を抑圧し、程度の差はあっても「失感情症」「失体感症」の傾向がありました。そうなると「内なる基準」、「内なる権威」に拠らず、外に気を配り、ストレスを抱えて余裕がなくなり、他者との良い関係も築きにくくなりがちです。あるいは、ストレスすら感じなくなって、真の自己を抑圧し、他者や世界とのつながりを断たれ、本当に大切な価値や人生の本来の目的を見失い、心からの喜びを感じないまま、「外の権威」に過剰に適応してしまうという傾向があります。

腎不全で亡くなった女性官僚Uさん――ケース

そんな中には、がんばり過ぎて病気になり、はじめて大切なものを見失っていたことに気づく方もいます。腎障害で十年前から医師の生活指導を受けてはいたものの、仕事が生き甲斐で、全生活を仕事に捧げ、結婚もせずに突っ走って生きてきた五十歳直前の女性官僚Uさんのことは、当時の私自身の無力感と共によく思い出します。

腎不全になり血液透析に入った彼女は、公務員ですから生活の心配はありませんでしたが、生き甲斐を失ってしまったのです。レジデント（研修医）として透析の導入期に担当していた私は、彼女の話を聞くことしかできませんでした。生き甲斐や人生の意味を見つけるところまでの支援は、当時の私にはできませんでした。私が他科に移って一年くらいたってから、彼女は制限を超えて思い切り食べたらしく、心不全で亡くなりました。実質的な自殺行為とも思えました。

病気をきっかけに人生を変えた商社マンKさん――ケース

一方、危機に陥って、サブパーソナリティに同一化した生き方に気づき、抑圧してきた感情や感覚を少しずつ取り戻し、自分の意志を問い直した方もおられます。商社マンとして働いてきたKさんは、心臓を悪くして入院しましたが、一命をとりとめ、仕事一辺倒の生活を変えることができました。恢復して退院するとき、「病気のおかげで人生を取り戻せました」と言われました。死を身近に感じて、危険な時期を脱した後、「自分とは何者なのだろう」、「何のために生きているのだろう」という問いを持ち、本当に大切な価値が分かったのでしょう。

病気をしたおかげで幸せになった、と言われる方は少なくありません。病気は、大切な価値を見直すよい機会になるのです。病気に限らず、「危機は機会（チャンス）」になりえます。危機とは、今までのパターンではうまくいかず、足元がぐらつくときです。自分の中に、本質から問いなおす疑問が出てくる時です。トランスパーソナルの無意識に触れ、私たちの存在の本質や大切な価値を見出し、無意識であったTセルフの意志に気づくなど、今まで知らなかった自分の中の可能性が引き出される機会になりうるのです。

家の宗教から解放されたSさん――ケース

仕事人間ではありませんが、こんな方もいます。ワークショップに来た、ある宗教の信者だという四十代の女性Sさんの場合です。

「自分は家族の宗教を信じ、良い信者として、その宗教の教えのままに生きてきました。しかし自由な感じがなく、心の中では、本当は良い信者になりきれない自分を絶えず責めていました。自分が何者であるかが全くわからず、自分のことが好きではなかったんです。自分の意志を使わず、自分の人生を生きているという実感がありませんでした。サイコシンセシスに出会い、これまでは自分のほんの一部である「良い信者」サブパーソナリティに同一化して生きてきた、ということがよくわかりました。サブパーソナリティというとらえ方によって、抑圧してきたいろいろな自分に気づき、解放され、自分にも人にもやさしくなり、大切な価値にも気づきました。今は結婚して家の仕事とは全く違う商売をやっていますが、いろいろな人と日々接し、生活を心から楽しめるようになりました。今は幸せです。」

Sさんは、そうおっしゃいました。

「いい子」だった人生を見直した三十代の主婦――ケース

次は、親のサブパーソナリティが世代を超えて影響を与えた、三十代の主婦のケースです。彼女はずっと、親にとっての「いい子」で生きてきました。

「子どものころ、母親が厳しく、「～してはいけません」、「勉強しなさい」ということばかり毎日言われました。テストの成績が悪いと叱られます。がんばってよい成績をとっても、「もっとできたはずでしょう」と、決してほめてくれませんでした。母はいつも他人の目を気にしていました。人からは、きれいで完璧な奥さん、完璧な母親で素敵な女性だと言われたいようでした。

自分が結婚して親になって、娘が小学校に通いだしたら、自分も同じような言葉を言ってるんです。娘が四年生になり、反抗的な態度を示した時、かっとなってかなりひどい言葉を浴びせたこともあります。母の呪縛のようで、そんな自分を責めて苦しくなりました。

サイコシンセシスのサブパーソナリティのワークショップに出て、癒されました。自分の中のサブパーソナリティたちを受容し、今までがんばってきたのね、大変だったね、ありがとう、とねぎらうことができました。その後も一人の時に、サブパーソナリティと向き合うワークを続けていたら、とても楽になりました。サブパーソナリティに振り回されることも少なくなり、自分にも子どもにも優しくなれた気がします。気持ちにも少しゆとりが生まれて、子どもの話も楽しく聞けるようになりました。自分の母も癒されていなかったのだと、今は思います。」

この女性の場合は、親のサブパーソナリティが強く影響して、「親のいい子」で長いあいだ生きてきて、自分の人生を生きてこなかったというのです。親のサブパーソナリティの問題は、このように子どもの自立や主体的な生き方を阻み、世代を超えて、子どもや孫にまで影響することもあります。親自身の癒しと自立が大事だということです。子どもはけなげで、自分の人生だけでなく、親に対しても責任を引き受けて、親の気に入る人生を歩もうとする場合がしばしばあります。今は逆に、自分の責任を他人や環境のせいにする人が多いともいわれますが、いずれの場合も、「主体が曖昧」であることが、このような事態をもたらすのだと思います。

認知の仕方によって変化が起こる

アサジオリは、「我々は身体が一つであるために、人格も一つとして確立しているように錯覚する」と述べています。また「人が自分だと思っているのは、多くはサブパーソナリティのレベルである」、「私たちの多くは、気づかずにサブパーソナリティに同一化していて、自分や他者や世界に対する態度がサブパーソナリティのレベルである」と言っています。この視点から、人間関係や社会の問題を考えてみましょう。

事実そのものよりも、その事実をどうとらえるかという「認知」の仕方により、自分の気持ちやエネルギーの状態など、内的世界が変わり、それに対する態度も変わります。私は外来臨床で、患者さんが、一部の事実を全体の中で冷静にとらえることが少なく、「症状＝病気、病気＝自分」ととらえる認知の歪みによって、心身の状況が悪循環に陥る例をたくさん見てきました。この認知を変えることで、症状も良くなり、病気に対する態度も変わるという例を数多く経験してきました。

サブパーソナリティについても、それをどうとらえるかという認知の仕方が非常に重要です。サブパーソナリティに関わる問題としては、いろいろな自分を受容し、どうしたらよいかという方向性を考えるためには、ホリスティックな人間観が不可欠であると私は考えています。つまり、オーケストラの比喩のような包括的でホリスティックな人間観がないと、歪みや迷いという認知の問題が起こるのです。そのことを具体的に見てみましょう。

自己イメージを下げる場合

がんばり屋で、しかし最後に落ち込み、うつになる場合を考えてみましょう。このような場合、「ミス、あるいはうっかり屋さんがイコール自分」ととらえて自分を責め、もうだめだと思い込んで落ち込むという人が、多数います。この場合、サブパーソナリティの存在よりも、自分をサブパーソナリティでとらえ、「部分＝全体」と見てしまう「認知」の歪みが問題になります。

他人についても、「あんな人だとは思わなかった」と、その人の一部でもって全体を否定してしまうことは、マスコミ報道などでもよくあります。また、肩書きや業績、権力や能力、財産、容姿など、その人の一部、特に見えるものでその人を判断することもよくあります。そうすると、例えば会社を定年で辞めたら、自分が何者かわからなくなってしまいます。あるいはそうなると、もう自分には価値がないと感じる事態も起こります。これは、その人の人間観が、サブパーソナリティレベルだからです。

サブパーソナリティをそのまま自分ととらえているために、サブパーソナリティの意志を自分の意志と勘違いすることは、しばしば起こります。

なぜ医師に謝るのか

医療の例をあげると、私が生活習慣病の指導で、ダイエットや禁煙を勧めるとします。しかし人によっては、「私は好きなものを食べて、タバコを吸いつづけて、早死にしてもいいんです。これは自分の意志です」と言うことがあります。もちろん、実際に病気になれば、必ず後悔するのです。強がり屋のサブパーソナリティが、健全な部分を抑えつけていたのです。またダイエットや禁煙に関して、「自分の意志で必ずします」などと約束しておきながら失敗すると、次の受診のときに、「先生、すみません、できませんでした。私は意志が弱くてだめな人間です」と自己イメージを下げたりします。アイデンティティのとらえ方と意志は、密接に関係しています。なお、このように患者が医者に謝るというのは、よくあることです。これは、サブパーソナリティレベルで自分をとらえているために、サブパーソナリティの意志を自分の意志と錯覚していて、「主体」が曖昧なままだからです。

これらの例は、自分をどうとらえるかという認知を、曖昧なままにしているために起こる問題であり、サブパーソナリティの概念やホリスティックな人間観さえあれば改善できることだと、私は考えています。主体は患者さんのpセルフで、医師は支援者なのです。

自分は異常ではないかと悩む場合

ここまで、サブパーソナリティに同一化して、サブパーソナリティの意志でがんばって生きてきた方の例などを挙げました。そういう場合とは違い、いろいろな自分に気づいている人もいます。そうして自分が認めにくい自分を隠すために、葛藤に苦しむということもしばしば起こります。いろいろな自分がいること自体が異常で、それは自分だけの問題だと思い込み、自分を責めてしまうのです。身体は一つだから、自分も一つの自分として認知できる、と錯覚してしまうのです。

私が今までにやった「いろいろな自分」という講座の経験では、人に見られている自分と、自分だけが知っている自分とのギャップに苦しんでいる人が大勢いました。そういう自分を疚(やま)しく感じたり、一人でいるときの自分を知ったらあきれられるだろう、知られたら大変だと怖れ、あるいは矛盾する面を持っている自分は二重人格ではないか、あげくには病気としてよく知られるようになった「多重人格」ではないか、などと密かに悩んできた人たちです。そういう人はワークによって、サイコシンセシスの人間観や、オーケストラと指揮者pセルフの比喩を体験的に納得すれば、それによって自分を受容できるようになり、「楽になった」、「自由に主体的に生きられるようになった」、と言われます。

「どれが本当の自分か」と生き方に迷う場合

いろいろな自分に気づいたものの、ホリスティックな人間観がないために、「どれが本当の自分なのか」、「自分はいったい何者なのか」と問い続け、生き方に迷う人もいます。

Mさんは、スピリチュアルなものを求めて、ふだんは勤めながら、週末は禅の修行をしていました。しかし、「これだ！」と思うようなトランスパーソナル体験をしても、日々の現実に戻ると、元の自分であることに気づき、どれが本当の自分かわからない、「あのときの自分と、ふだんの自分はどっちが本当なのだろう」と、ずっと迷いながら生きてきました。彼はサイコシンセシスを知って希望が持てるようになり、現実の生活でもその両方が統合できるようになった、と語っていました。

私はなぜ迷っていたのか

次は私自身のケースです。

私の場合も、いろいろな自分に気づいてはいましたが、どれが本当の自分かわからず、「本当の自分とは何か」、「私はどう生きればよいのか」という問いを持ち続け、サイコシンセシスに出会うまで、迷って生きてきました。自分の別の面に気づくと、それまでの自分の役割や性格を、「本当の自分はこれではない」と否定し、その時していることをやめてその場を離れ、まったく違うことをやろうとしました。

後から考えると、どの自分に同一化することも正直でないように感じていて、どれからも脱同一化することをくり返していたのです。そして、その時どきの場所や役割や環境を大事にしていませんでした。これは、自分にとっての成長の機会を逸したということで、たいへん残念なことです。

サイコシンセシスの、卵形図形その他の地図に表わされる統合的な人間観や、オーケストラの比喩に出会ってはじめて、「いろいろな自分はどれもイコール本当の自分ではない。でも、どれも大切な自分の一部である。いろいろな自分のどれも抑圧せず、理解し、受容し、全体の一部として大切にしつつ、Tセルフの意志を見つけてpセルフが全体を統合して指揮できるようにしよう」と考えられるようになりました。やっと落ち着き、成長していくべき方向性がわかったのです。またサイコシンセシスには、pセルフや意志を引き出し、育成していく実践体系があることも、希望になりました。

脱同一化をくり返していた私にとって、サイコシンセシスは、適切な状況では、pセルフが選んで意識的にいろいろな自分のどれかに同一化することの必要性にも、気づかせてくれました。私はそれ以上迷わなくなり、pセルフの選ぶ方向を求めつつ、その時々の自分を大事にできるようになりました。そして個人としてだけでなく、医師としても、社会人としても、それまで見えなかった人間のありようや問題、本質的な方向性が見えるようになったと思います。

もっと若いときにこのような人間観を知っていれば、そして社会や教育の基盤にこのような人間科学があれば、その時どきをもっと大事にして、より素直に生きることができただろうにと残念に思うのです。

サブパーソナリティの「自分、他者、世界に対する態度」の問題

ここまでに取り上げた、「外の基準」による信条や認知の問題は、サブパーソナリティレベルの知性の問題というとらえ方もできます。サブパーソナリティは下位無意識にルーツがあり、子どものときに適応するために取り入れた信条や認知を根拠に、おとなになっても、「外の基準」で行動しているというものです。これでは、あるサブパーソナリティに同一化しているために視野が狭くなり、全体がとらえられず、また、目に見える対象の背景を深く分析的に理解しようとする、知的で科学的な態度は生まれません。

このような歪んだ認知の影響を受けると、サブパーソナリティの「自分、他者、世界への態度」は否定的になったり、歪んだりします。アサジオリが基本的な問題の一つとしたのは、アイデンティティをサブパーソナリティレベルでとらえると、「自分、他者、世界に対してサブパーソナリティレベルの態度をとってしまう」ということです。

サブパーソナリティは、事実を全体の中でとらえるようなホリスティックな態度がとれず、「自分の中に答えを見つける」のではなく、昔役立った「外の基準」に従う傾向があ

ります。それぞれのサブパーソナリティが独自の欲求を満たすべく、その時どきの認知や感情、衝動や欲求に反射的に動かされるため、互いにバラバラで指揮者のいないオーケストラのようになってしまいます。

他人に批判的になりやすい人

自分の中でいろいろなサブパーソナリティが対立していると、それは人間関係にも影響します。例えば、完全主義者は、批判屋のサブパーソナリティも持っています。自分ががんばっているのに他の人がさぼっていると、批判屋さんが出て来て「あいつはけしからん」と怒りを感じたり、「あの人はああいう人だ」と決めつけて、その人の全部を否定してしまうこともあります。

一般に「外の基準」に従っていると、自己を受容しにくくなり、自分にも他人にも厳しくなります。自分の中のサブパーソナリティを、相手に投影して反応してしまうのです。他者とうまく行かないとき、自分の中のサブパーソナリティが反応している、自己受容していない、という視点でとらえると、問題がクリアに見えてくる場合があります。いろいろなことを偏った根拠で決めつけてしまうのも、サブパーソナリティレベルの特徴です。

比較、競争、勝ち負けを気にする人

「人に負けないように」、「一番でなければいけない」といった「外の基準」を満たそうとして、「人に勝ちたい」、「認められたい」などのサブパーソナリティレベルの欲求で動いていると、比較したり、対立的にとらえたり、地位や権力など目に見えるものにとらわれがちです。競争や地位そのものが問題なのではありません。ときに、背景にある崇高な目的のための方便という場合もあるかもしれません。しかし、それを絶対的な価値としたり、それだけで人を判断したりするのは、サブパーソナリティレベルで自分や人を見て、そのレベルの欲求（ニーズ）で動かされているのです。成果主義の現代社会では、他者を比較評価し、利用する対象としてしか見られない人もいます。

これでは、自己の内面の調和も、心の平和もなく、自分の深いところのTセルフとのつながりもブロックされ、他者とのつながりの中で何かを達成する喜びもありません。

なぜ「正義」や「道徳」が争いの元になるのか

「正義」や「道徳」が社会、あるいは広く世界における対立のもとになることについて、サブパーソナリティの視点から考えてみましょう。「正義」や「道徳」など美徳とされることのために、サブパーソナリティの信条同士がぶつかりあうことがあり、個人やグループ間の多くの争いの原因になっています。これが、国や民族などの集団レベルになると、「正義」の戦いという名目で、戦争に発展してしまいます。

正義に限らず、善悪の判断やその他の信念、信条、常識なども同様の対立を生みます。これらは固定観念という、サブパーソナリティレベルのものであることが多く、「自分の信じる正義が普遍である」と考えているために、対立が起きやすくなります。主張の違う他者に対しては、相手を受け容れ、尊重し、理解しようとする柔軟な姿勢は取りにくいのです。サブパーソナリティレベルの束縛や葛藤の多くは、この信念や思い込みから起こります。

上司の「善魔」はやっかい

他者との関係においては、悪気ではなく、善意であっても、自己主張できない相手の主体性を侵害することは起こりやすいものです。これは、上司と部下の関係でよく見られます。上司は部下のことが気にかかり、面倒見よく悩みを聞いてあげようというので、部下が悩みを相談すると、悩む気持ちを受容しないままに、「ポジティブ思考でいけ」などと力づける。会社や仕事のことで矛盾を感じていることを言うと、「会社とはそういうものだ」、「言われた目標を達成せよ」などと、部下の気持ちを受け容れず、自分の意見を押し付ける。上司に助言されると、それに従わなければまずいと思い、部下は無理をして自分の気持ちに逆らった選択をしてしまう。このようなことが、上司と部下の間にはよくあるのではないでしょうか。個人的にもいい人で、立派だといわれる人に、この上司のようなパターンが見られます。ある心理学者のグループは、これを「善意の悪魔」、略して「善魔」と呼んでいました。

「道徳的良心」と「超自我サブパーソナリティ」

このようにサブパーソナリティレベルでは絶対的だと信じられ、普遍的道徳や正義だと思われているけれど、しかし自分の自由を制限し、他者とも対立しやすい厳しい「外の基準」のことを、アサジオリは「道徳的良心」という言葉で、精神分析との関連で次のように述べています。

「フロイトがいう「超自我」とは、大部分が、親の禁止令や命令から取り入れられた「道徳的良心」である。そのほとんどが、結果への怖れや、誤りを犯すことへの、極めて強い感情的力動と結びついている。これには特有の硬直性があり、ほとんど子供じみたともいえる「白か黒か」のタイプの道徳観である。」

まさにこれは、サブパーソナリティレベルのものだということです。この「超自我サブパーソナリティ」に同一化している人は、こうでなくてはならないという態度で、他者にも道徳を押し付けるので、下位無意識に束縛されて自己受容できず、「怖れ」に動かされている人と見ることができます。このサブパーソナリティは、長い目で見れば自分自身を害したり、他人や他の集団と、正義、道徳を理由とする対立を起こしやすいのです。

なぜモンスター患者(ペイシエント)や親(ペアレント)が生まれるのか

自由や権利・責任といった民主主義の根幹に関わる言葉が、本質を深めないままサブパーソナリティレベルで使われれば、混乱をきたします。いま医療の現場では、医者や病院に対し、親としての保護責任や医者に対する説明責任を棚上げにして、患者である子どもに何かあったら「医療者のせいだ」と訴えるモンスター・ペイシェントといわれる人たちがいます。教育現場でも、自らを振り返ることなく、学校にクレームをつけるモンスター・ペアレントといわれる親が増えています。

これに対して、医療者や教育者が、主体と責任の問題がどこにあるかに気づかないまま、サブパーソナリティレベルで対応してしまうと、医療制度や教育制度の根幹にひびが入りかねません。ここにも、先の民主主義の概念が、多くの人が同一化しているサブパーソナリティレベルで導入され、医療や教育の現場で曖昧なままに言葉が独り歩きして、歪んだ変化をもたらしている、と私は考えています。もともと人とのつながりや他人への思いやり、感謝や礼節を重んじてきた日本で、このようなサブパーソナリティの問題がおきているのは残念なことです。

「ノー」と言えない人の問題

健康管理の失敗のことで、患者が医者に謝るような今までの医療では、主体の所在が曖昧で、医療者側にも患者側にも問題があったと、私は感じてきました。これは、自由とそれに伴う責任の感覚が曖昧な日本社会の現状と、深く関係していることだと思います。

オーケストラと指揮者ｐセルフという主体者意識を持った同士なら、互いに個として尊重しあいながら、相手を受容し、共感し、信頼しつつ、相手の自由な意志を侵害せずに、互いの役割を果たしつつ支えあうような、良い関係が築けるでしょう。

しかし、サブパーソナリティレベルでは、他者に対する尊重や受容や信頼がなく、状況に応じて反射的に動くので、相手の意志や責任の領域を侵害することがあります。それもしばしば、ケアする人、優しい人、正義漢などの、美徳と思えるサブパーソナリティの問題もあります。こちらも「ノーが言えない」、「いい子」、「がんばり屋」など、一見美徳に見えるサブパーソナリティだと、主体が侵害されてしまうことがあります。

長く続く共依存関係

サブパーソナリティの組み合わせによっては、共依存的な関係を長く維持して、一方が犠牲になっている場合もあります。また支配者や権力者と見える人でも、じつは気づかずにサブパーソナリティに同一化して、振り回されていることもあります。これは、Tセルフから疎外されて、サブパーソナリティの意志につき動かされているのであり、このままでは自己実現はできません。

そのようなサブパーソナリティレベルの関係は、親子や夫婦など近い関係や、会社の上司と部下、あるいは組織と個人などに見られ、その関わりは長く続くので、人生に大きな影響を与えることになります。

親子関係の場合は、先に挙げた「良い信者」のケースのように、親が癒されず、精神的に自立していないことが稀ではありません。そのため、子どもを一個の人格として尊重することができず、あるがままに受容することができません。オーケストラの指揮者になるような教育ができないために、子どもは主体や意志、責任が曖昧な状況で成長していくことになります。その間、親は気づかないままに、サブパーソナリティとしての信念を子どもにメッセージとして与え続け、その後の子どもの人生を縛ることになります。親自身の癒し、自立と主体的な生き方、そしてホリスティックな人間観は、よい親子関係を築き、子どもの健全な成長と自立を促す上で大きな意義があります。

集団と個人の間でも、同じようにサブパーソナリティ同士で成り立つ関係があります。これが構造化され、温存・維持されると、社会問題になってきます。政治や行政と国民の関係も、このような視点から見直すことができると私は思います。

トランスパーソナルの特性を守り育てるためにも、「自分とは何か」、「どう生きればよいのか」という問いを持ち、真剣に考え直す必要があると思います。

自分自身がサブパーソナリティに同一化していることに気づき、そこから脱同一化して、自分や他人を見ることができれば、自分自身の問題も、社会の問題も、かなりの部分が解決できるのではないでしょうか。

いつも「あるがまま」がよいわけではない――ケース

医療や教育など、人に直接関わる立場の人たちでも、専門分化された知識や技術はあっても、サブパーソナリティに同一化していたり、自分も他者もサブパーソナリティレベルでとらえていたりして、ホリスティックな人間観とそれに基づく態度がないために、他者に関わるとき有効な支援ができず、そのために医療や教育の現場で問題が起こることもあります。

サイコシンセシスの「地図」は、他者と関わる上で大きな意味を持ちます。次に、そのような事例を紹介します。

ある五十代の女性管理職のケースです。語ってくれたのは彼女の部下です。

彼女は管理職になってから、部下たちを見下すような高圧的な態度をとるようになり、職場の空気が悪くなったそうです。彼女はある時、友人に誘われて僧侶と歩く会に参加した際、僧侶に「私はもっと成長しなくてはいけないと思う」と言ったそうです。それに対して、その僧侶はすぐに「今のままのあなたでよいのですよ」と答えたということです。その後、彼女は「私はこれでいいのだ」と部下たちに得意気に告げ、権威的で自己中心的な振る舞いを続け、部下たちは僧侶の言葉を受け止めかねたそうです。

自分の現実をあるがままに受け止めることと、自分の中の否定的な要素をそのまま放置することとは、意味が違います。不完全さや弱点も含めて、自分や他者を全体として受容することは大事です。人間には限界があり、人生には避けたくても避けられないこともあります。不完全な自分を、親や身近な人がまるごと受容してくれることは大きな癒しになり、生きる力になります。ただ、この女性のように自分に気づきかけたとき、「あるがままのあなたでよいのです」と、成長したい気持ちを無視して、安易に「あるがまま」という言葉を使うことは、当人にとってはせっかくの成長の機会を逃すことです。全体も部分も大事にするホリスティックな人間観があれば、状況は違ったのではないかと思います。

オーケストラと指揮者pセルフの比喩が役に立つ——ケース

次に、サイコシンセシスを学んだ援助職の人にとって、サブパーソナリティの視点やオーケストラの比喩が役立った例を挙げます。

ある中学・高校のスクールカウンセラーは、生徒たちから友だち関係の悩みや自信のなさについて、あるいは進路のことで迷って相談を受けるとき、サブパーソナリティと指揮者の比喩は、とても役立つと言います。まずは図を書いて、生徒とサブパーソナリティ探しを楽しくしながら気づくようにするのですが、生徒たちが明るくいきいきしてきて、落ち着きを取り戻し、友だちとうまくいくようになるそうです。そして自己イメージも上がり、自分自身の方向性を主体的に見出すのにも役立つ、と報告してくれました。

サイコシンセシスを受講して園長も親も子どもも変わった——ケース

次は、私の講座を受講していた、ある幼稚園の園長先生が報告してくださったことです。

ある親が、世間から「親のしつけが悪い」「過保護はいけない」と言われるからと神経質になり、子どもを厳しく叱るようにしていました。親は毎日緊張し、子どもはびくびくしていました。その子どもは、幼稚園で他の子をいじめることもあったそうです。園長先生もどうしてよいかわかりませんでしたが、サイコシンセシスの講座でホリスティックな人間観を知ると同時に、自分自身のサブパーソナリティを自分の中に認められるようになり、親を大きく受け止められるようになりました。そして親に、「子どもを大きく見るように」、「遠慮せずに愛情を与えるように」と、自信をもって言えるようになりました。その結果、親も余裕を持っておおらかに子どもと接するようになり、子どものびのびとして、それまでとは変わっていきいきしてきたということです。

自分を変えた教誨師の僧侶――ケース

次の例は、刑務所で教誨師(きょうかいし)をしている若い僧侶の話です。

「以前は、相手は犯罪者、自分は教誨師として向き合い、交流が難しかったのです。しかしこの講座で、誰の中にもたくさんのサブパーソナリティがいると知ってから、自分の中にもさまざまなサブパーソナリティがいることに気がつきました。現実に自分は人を殺したことはないですが、しかし例えば、女性と別れてその人を心の中で殺してきたかもしれない。もっといろいろな自分がある、そうとらえるようになってから、相手のことが自分とつながって考えられるようになり、仕事の意味も変わってきました。」

この僧侶は、宗教を役立てるためには、他の分野からも学ぶ必要があると言っていましたが、サブパーソナリティの概念を自分のこととして理解しようとする態度には、感銘を受けました。

自分を見つめなおす医師たち──ケース

医学生のOさんは、次のような感想を語ってくれました。

「サイコシンセシスに出会えてよかったです。いろいろな自分を受け容れ、その上で人生の意味を見出していく方向性がわかりました。今までトランスパーソナル心理学やヨーガなど、スピリチュアル系のいろいろなものに触れてきましたが、自分の仕事にどう生かせるのかがわかりませんでした。でもサイコシンセシスの人間観と、pセルフや意志のとらえ方を知って、まず自分自身に生かすことが大事だとわかりました。医師という仕事と自分との関係がわかりました。特にオーケストラと指揮者Pセルフの比喩はわかりやすいです。やっと落ち着いて、医師になることができます。」

また、ある産婦人科の医師は、「今までは他人の癒しをテーマにしてきた。しかし最近、自分自身の癒し、自分の家族の癒しが問題になってきた。このワークショップで全部がつながり、自分の方向性が見えてきた」と語っていました。この医師は、特に有用だったエクササイズとして、「サブパーソナリティのエクササイズ」をあげていました。

このように、トランスパーソナルを含めたいろいろな心理学や心理療法などに触れつつ、自己探究をしてきた方は、自分の中の多様性を受容しながら、pセルフとその意志により自分自身を指揮するという、希望のあるこのオーケストラの比喩に深く納得されるようです。

下位無意識から解放されるために

ここにあげた例からもわかるように、私たちの多くは、アサジオリが言うように、気づかずにサブパーソナリティに同一化して、その態度で自分や他者や世界をとらえ、サブパーソナリティの動機に動かされて生きていることが多いと思います。

サブパーソナリティの概念とオーケストラの比喩は、卵形図形と共に、私たちは何者か、何に動かされているのか、どうしたら主体的になれるかという問題を、体験的に気づいて理解する上で、わかりやすい方法だと思います。

サブパーソナリティのような、下位無意識にルーツのある否定的要素と向き合い、パーソナル・サイコシンセシスに取り組むことは、下位無意識から解放され、自身の人生の主体になって、他者とも良い関係を築き、深い喜びのある自己実現的な生き方をするための最初の一歩として、大きな意義があります。

第6章　統合をめざすプロセス

プロセスの仕組み

サイコシンセシスでは、真の自己を、独自の可能性を内在させたスピリチュアルな存在であり、いのちの根源とも他者とも深いところでつながっていると考えます。

私たちの多くは、真の自己から疎外され、自分や他者をサブパーソナリティレベルでとらえ、自分自身をサブパーソナリティに同一化して、外界や下位無意識にふりまわされています。「自分、他者、世界への態度」も、しばしばサブパーソナリティレベルのものです。

アサジオリはこれに対し、私たちは無意識に気づかないために、一方で下位無意識に振りまわされ、他方ではトランスパーソナル領域に潜在している真の自己とつながりにくくなっている。これが社会問題の原因にもなっていると考え、「自分自身の内的世界についての知識を増やし、内的な力、特に意志を喚起しよう」と呼びかけました。

これから説明するサイコシンセシスのプロセスは、パーソナル・サイコシンセシスとトランスパーソナル・サイコシンセシスからなります。

まずパーソナル・サイコシンセシスでは、自分の中の、「対立してバラバラで、エネルギーが方向づけられていない」さまざまな要素の、それぞれが尊重されます。これらが受容され、癒されてホール（全体）になり、ｐセルフが主体となることで、パーソナリティとしても平和で、かつエネルギーがいきいきと流れるようになります。そうして社会的な役割を担えるパーソナリティを確立していく、という癒しと自立のプロセスです。オーケストラで言えば、個々の演奏者たちが互いに調和し、それぞれの力を発揮してよい音楽を演奏できる段階です。

それに対して、トランスパーソナル・サイコシンセシスは、Ｔセルフのエネルギーや意志を喚起して、現実のパーソナリティレベルに統合し現実化していく、自己実現的な段階です。いわば、Ｔセルフと現実のパーソナリティレベルの統合ともいえます。オーケストラの比喩でいえば、どんな曲を選び、どんな音楽を創造していくのかを、自らに問いながら、指揮者がＴセルフの意志を実現するよう、皆で心を一つにして、最高の演奏をする段階です。

分析から統合へ

このプロセスは状況により、必要であればガイドといわれる専門家や、親や友人などの支援を受けますが、原則としてpセルフが主体となって進めて行きます。まずpセルフが、自分の中の多様な要素のそれぞれを個として尊重しつつ、より深く本質に触れて理解を深めるという分析的過程をたどります。次に、それらの特性やエネルギーが高い次元で生かされるように、意志によって方向づけをし、統合していきます。この過程で、諸要素はホール（全体）になり、自分自身も調和を得て、よく機能するホール（全体）へと統合されていきます。サイコシンセシスのプロセスとは、それぞれのレベルでそれぞれがホール（全体）になっていく、「分析から統合へ」のプロセスであるといえます。

この各ホール（全体）への統合のプロセスを、個人から始め、二者関係を経て、最終的には人類にいたる大きな集団にまで進めることで、個人も集団も、真の自己実現が可能になると、アサジオリは考えたのです。

このプロセスは自然に起こることもありますが、地図や道具としての技法を活用し、自分自身でpセルフを強化しながら、ときには専門家や家族や友人の支援により意識的に取り組み、促進することが可能です。ここでは、このプロセスについて詳しく説明します。

エネルギーの視点から見た「作業の原則」

サイコシンセシスでは、エネルギーの概念が重要です。アサジオリは、サイコシンセシスの「分析から統合へ」のプロセスをエネルギーの視点からとらえ、「作業の原則」として、次のようなものをあげています。

1　あらゆるレベルの心理的エネルギーを、抑圧したり除去したりするのでなく、解放し、建設的で有効に活用し、創造的表現ができるよう促進する。

2　潜在的エネルギー、特にトランスパーソナル領域におけるエネルギーを目覚めさせ、喚起し、現実に活かしていく。

3　弱い未熟な側面や機能を発達させる一方、直接的に放出したり表現したりできない過剰な心身エネルギーを変容させ、調整し、自分の中でも他者との間でも調和がとれ、統合できるよう方向づける。

アサジオリは、「この三つは、個人から人類にいたる集団のあらゆるレベルで行なうことができるが、原則として個人から始める」と述べています。
以下、個人におけるサイコシンセシスのプロセスについて述べていきます。

「パーソナル・サイコシンセシス」と「トランスパーソナル・サイコシンセシス」

個人のサイコシンセシスのプロセスを、アサジオリは次のような段階に分けています。

A　パーソナル・サイコシンセシス

自分自身の中でも他者との関係でも、調和がとれるよう自己管理（セルフマネージメント）できる人格を築く。

1　自分自身について気づきを増す、すなわち無意識を意識化する。
2　気づきの主体であるｐセルフに気づく。
3　ｐセルフが意志の主体であることに気づき、気づいた要素やエネルギーを意志により調節し、解放し、方向づけ、統合していく。

B　トランスパーソナル・サイコシンセシス

Ｔセルフにつながり、Ｔセルフの意志を実現するような、真の自己実現へのプロセス。

1　トランスパーソナル領域に触れ、気づきを増す。

2　Tセルフを中心に人格を再構築、統合していく。

パーソナル・サイコシンセシスの実践段階

これらプロセスの各段階について具体的に説明します。まずAの1から3の段階を、サイコシンセシスの特徴と実践の段階をはっきりさせるために、さらに以下のように分けて考えます。

A　パーソナル・サイコシンセシス

下位無意識に関連したパーソナリティレベルの問題を扱い、自己管理ができ、調和がとれてよく機能するパーソナリティを構築する段階。

1　気づきを増す、無意識を意識化する段階。

2　(1)気づいた内容から脱同一化する。

(2)気づき続けている主体pセルフに気づく。

3　(1)pセルフが、気づいた諸要素やエネルギーを方向づけることのできる、意志の主体でもあることに気づく。

（2）気づきと意志の主体としてのｐセルフが諸要素を調和させ、統合し、自由で主体的な個人としてのパーソナリティを構築するよう、気づきに基づいて意志を発揮していく。

この各段階について、さらに詳しく説明します。

否定的要素に気づく

1　気づきを増す、無意識を「意識化」する段階――否定的要素に気づく

これは外界のことや自分自身に気づく段階です。下位無意識に関係し、自分を振り回したり制約したりして、自己実現のプロセスを妨げる諸要素に気づく段階です。本書ではこれを仮に「否定的要素」と呼んでいます。

否定的要素とは、自分を振り回したり制限したりするもの、自分の中で対立したり葛藤したりして、平安や調和を乱すものです。衝動や欲求、怒りや不安、怖れやうつといった否定的な感情や、あるいは習慣的思考や信条になっているもの、身体行動やコミュニケーションパターン、あるいはいくつかのサブパーソナリティなどがあります。個別にとらえ

られるものと、低い自己イメージや、自分や他者や物事への否定的な態度のように全体的なものがあります。いずれも葛藤や不調和のもとになり、成長や良い人間関係を築くことを阻み、社会問題を起こす原因となる可能性もあります。

自分で変えたいと思っても、変えられないとすでに気づいているような否定的要素は、無意識の中でも、意識の領域に近いところにあります。それに対して、無意識のもっと深いところに抑圧されていて、気づかないまま人生に影響を与えたり、人間関係や心身に大きな影響を及ぼすものがあります。時にはそれが、暴力や犯罪など他者に対しても害を及ぼし、社会的な問題になることもあります。

無意識に抑圧されているものに気づくことは、容易ではありません。しかし、必要に応じて専門家の支援を受けながら、無意識の深くにあるトラウマや、小さい時に自分を守り、生き抜くため身につけたパターンなどに光を当てて解放することは、Ｔセルフとつながり、他者とつながるための必須の課題です。

自分の無意識に気づくとは、無意識を意識化すること、意識の領域に移し、その要素の存在に光を当てることです。

サイコシンセシスでは地図や技法を活用して無意識に光を当て、さまざまな側面から自分自身への気づきを増す工夫をします。当面の問題がなくても、一日の終わりに、あるいは日常できる時に、意識的に注意を自分の内界に向けるだけで、何かに気づくことができます。例えば心理の諸機能や、パーソナリティの乗り物の地図を活用して、心・身・知のバランスや身体の姿勢、緊張感やすっきりしない感じなど、ふだん忙しいと忘れがちな身体の感覚に注意を向けていくと、気づくものがあるでしょう。人間関係や、社会的なコミュニケーションなど、自分の弱い所に気づくかもしれません。サブパーソナリティに気づいて名前を付けることなども、気づきやすくする工夫だといえます。

気づきの前提となる感性を高めておくことも必要です。感性を高め気づきを促進するための、サイコシンセシス独自の工夫や技法は数多くあります。他の心理療法や技法を応用することもできます。

脱同一化してpセルフに気づく

2—(1) 気づいた内容から脱同一化する段階

気づいた後、気づいた要素から脱同一化することは誰でもでき、かつ有効なプロセスです。何度か紹介した、「私たちは自分が同一化しているものに振り回される。私たちがそこから脱同一化できれば、それをコントロールできる」というアサジオリの言葉は、個人や社会の現実を理解する上で、大きな意味があります。実際に脱同一化を試みただけで振り回されなくなり、楽になることが実感できると思います。これは、否定的要素に直面しても、それを無視したり感情的に拒否するのではなく、あるがままの事実として大きな全体の中でとらえる、いわば科学的な態度を可能にします。脱同一化は、無意識の束縛からの解放のプロセスの第一歩となる重要な概念です。

２—（２）気づき続けている主体ｐセルフに気づく段階

エクササイズで紹介したように、気づきを増し、気づいた要素のそれぞれから脱同一化し、次の気づきに意識を向けるという過程をくり返します。最後に、「気づき続けているのは誰か」と問うと、気づきの内容は次々に変わっても、自分の真ん中にあって気づき続けている、変わらない何かがあることに気づくようになります。これが、気づきの主体であるｐセルフです。ここで、気づく主体としてのｐセルフに意識的に同一化します。脱同一化は、ｐセルフに気づくための第一歩として重要なのです。

フェルーチの図で見るｐセルフと意志

３—（１）ｐセルフが意志の主体であることに気づく段階

次は、ｐセルフが、諸要素を方向づける意志の主体であることに気づく段階です。ｐセルフが諸要素をどう方向づけるかは、自分しだいである、意志を発揮し、それらの要素を方向づけることができる主体でもある、と気づくことは、自由な感覚をもたらします。pセルフは、意志の主体でもあるのです。

気づかずに何かに同一化して振り回されている状態から、同一化しているものに気づき、それから脱同一化してpセルフに気づき、さらにpセルフが、気づいた対象を方向づける意志の主体であることに気づき、意志を発揮する、というところまでのプロセスを、P・フェルーチの図（次頁）で説明します。P・フェルーチはアサジオリの直弟子です。

○が自分の中の諸要素であり、真ん中の●は「私である」と意識する部分です。時により私は、同一化しているものが変わります。心理の諸機能やパーソナリティの乗り物の図でも説明しましたが、ここではサブパーソナリティを用いて説明します。

① 自分の中の要素、例えばサブパーソナリティの「仕事人間」（○）に、私（●）が無意識に同一化している状態です。次の○である「うっかり屋さん」が出てきて失敗すると、その次の○である「批判屋さん」「落ち込み屋さん」などが次々に出てきます。そしてそのつど、私である●は○に同一化し、結果的に振り回されてしまいます。

② さまざまな○に気づいたら、そこから脱同一化し、そしていろいろな自分の部分が

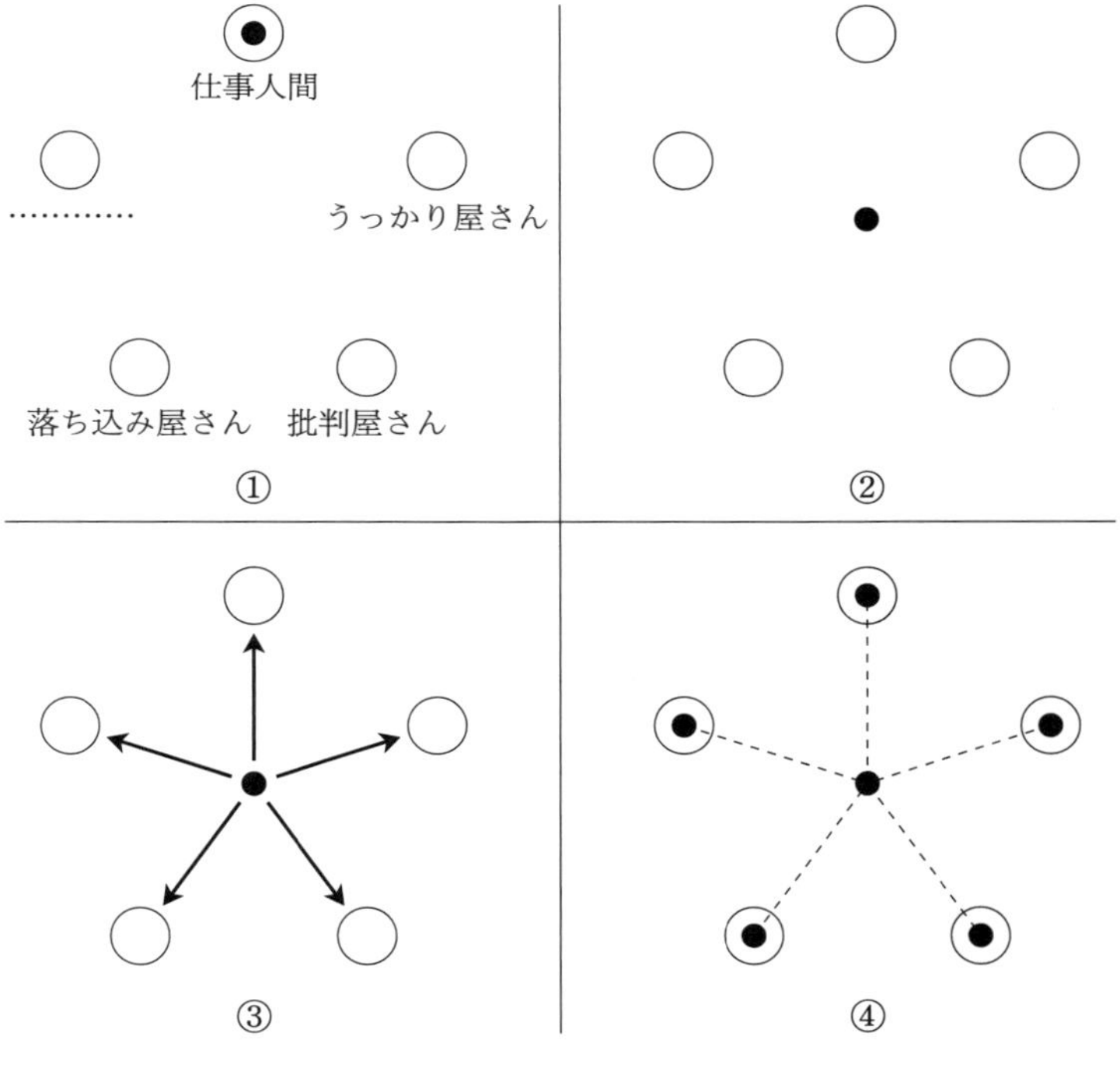

図6　フェルーチによる同一化と脱同一化の図

あると気づくことができる、真ん中にある主体としてのpセルフに、私（●）が同一化している状態です。

③　pセルフ（●）が、自分の意志（↓）によってそれぞれを方向づけられることを表わします。自分の中のいろいろな部分に気づいた上で、意志による選択で諸要素を方向づけることができ、自己コントロールを取り戻している状態です。pセルフが、諸要素を方向づけることのできる意志の主体であることに気づく段階です。

④　どの要素からも自由に脱同一化することができると共に、それらすべてに気づいているpセルフが、意志で選んでどれかに同一化することもできる、すなわち自分の意志で、○の中に●が入ることもできることを表わします。自分しだいで脱同一化も同一化もでき、意志によりコントロールし、方向づけることのできる自由な状態です。

サイコシンセシスのプロセスを進める上で、pセルフは、自分の中の要素に気づいたら、そこから脱同一化して客観的に観察することができる一方で、状況に応じて意識的にその要素になりきることもできます。つまり、諸要素に同一化して、「今、ここ」の体験として感情や感覚を充分に体験し直すこともできるのです。これは、pセルフが主体として、同一化することを意志によって選択するのであり、気づかないまま何かに同一化するのとは全く違います。

ｐセルフが主体となってプロセスを進めるときは、ｐセルフは自分の中の要素に気づいたら脱同一化したり、逆にそれに同一化して理解を深めたりして、気づきを増す分析的過程を進めることになります。

日常でもｐセルフの意志で、状況にあわせて仕事の役割に同一化したり、脱同一化したりすることができるようになります。サブパーソナリティに振り回されることもなく、自分のいろいろな側面を豊かに生きることができるようになります。

ｐセルフは、意志を発揮して選ぶことで、気づきに対して責任を負う主体である、ともいえます。ｐセルフは気づきにもとづいて、意志により自由に、そして責任を持って選んでいくのです。

パーソナリティの構築

3―（2）Ｐセルフが、諸要素を統合へと向かわせ、自分の中でも他者との関係でも調和したパーソナリティを構築していく段階です。

いろいろな要素に気づいたら、ｐセルフは次に、気づきに基づいて意志を発揮し、分析から統合へ向かうという、サイコシンセシスの特徴的な段階です。アサジオリは、「気づきは意志の前提」であるという言葉と共に、「分析は統合の前提」であるとも言っています。

サブパーソナリティから脱同一化して、pセルフに同一化したら、pセルフは諸要素をあるがままに尊重し、大きな脈絡でそれをとらえ、受け容れます。なお、観察者の態度で対象への気づきを増し、必要なら前述のようにその要素に、イメージの中で「同一化」し、その要素になりきってみます。その後、pセルフとして、サブパーソナリティの存在意義や努力を理解し、感謝してねぎらうなど、必要に応じて対応します。そして内的に調和し、よく機能するホリスティック（全体的）なあり方に向けて、意志を使って方向づけていきます。

意志の機能は「方向づけ」である、とアサジオリは言います。「抑圧」は、意志の機能ではないのです。自己管理して、自分の中の諸要素を意志によって方向づける場合と、自分自身がどうするか、生き方や行動などを選択して、自分自身を方向づける場合とがあります。なお統合の方向を選ぶ上では、知性のみならず、直観や感情やエネルギー感覚など、心理の諸機能が重要な役割を果たすことはすでに述べたとおりです。

この「A　1〜3」のプロセスを、パーソナル・サイコシンセシスといいます。これにより、抑圧されたエネルギーが解放され、自分自身の無意識から自由になり、自分に責任を持てる自立したパーソナリティが構築されていきます。アイデンティティは、サブパーソナリティレベルのものから、自分をオーケストラや、あるいは卵形図形のようにとらえ、指揮者のpセルフに同一化することで、自分にも他者にも受容的になります。主体性や責任感とともに、自尊感情も高まり、「自分、他者、世界への態度」は肯定的になります。トランスパーソナル領域にも触れやすくなり、Tセルフの存在や、その意志を探究するようになります。このように、パーソナル・サイコシンセシスは、トランスパーソナル・サイコシンセシスや集団（グループ）・サイコシンセシスの基盤になります。

リーダー的立場の人に役立つ

B　トランスパーソナル・サイコシンセシス

アサジオリは、「多くの人はパーソナル・サイコシンセシスだけで満足かもしれない」、しかし「他人から見て、あるいは外の基準からすれば満足に見えても、スピリチュアルな欲求、すなわち真の自己の欲求が満たされないために病気になってしまう人もいる」と述べています。

真の自己実現を求めている人、社会全体のことを考える人、親や教育者、医療職をはじめ、リーダー的な立場の人たちにとって、トランスパーソナル・サイコシンセシスが役立ちます。そのプロセスについて説明します。

トランスパーソナルの領域

1 pセルフがトランスパーソナルの領域に触れ、気づきを増す。

まずpセルフが、トランスパーソナルの領域にも気づきを増す段階です。

1―(1)人間存在の本質、つまり真のアイデンティティがTセルフであることに気づいて、それを実感します。

1―(2)Tセルフの特性やエネルギーなどを喚起し、育成します。

1―(3)自分にとって本当に大切な価値や人生の意味などに関係するTセルフの「無意識の意志」、すなわち「Tセルフの意志」に気づきます。

Tセルフの意志は、私たちが無意識に持っている、生まれたことの意味や価値、人生の目的、ヴィジョン、生き甲斐、夢、などの言葉で表わされるものや、「何のために生きているのか」という問いなどと関係します。サイコシンセシスでは、私たちはそれぞれ、独自の生きる意味や目的に関係する「無意識の意志」を持っていると考え、これを「Tセルフの意志」と呼びます。「トランスパーソナル・サイコシンセシスの目的の一つは、このTセルフの無意識の意志を、意識的なものにすること」であると、アサジオリは述べています。

真の自己実現の段階

2　Tセルフを中心とした人格の再構築

pセルフがTセルフにつながり、真の自己を実現していく段階、すなわち「パーソナルレベルとトランスパーソナルレベルの統合」の段階です。

pセルフは、Tセルフの意志に沿って、独自に社会に貢献できるような高次元の目標を他者と共有し、トランスパーソナル領域の特性やエネルギーを現実に生かして、自己実現をめざします。伸ばすべきパーソナリティの側面や現実的なスキルを磨き、良い人間関係を構築することも必要です。トランスパーソナル領域と現実を統合した、自己実現的な生き方は、多くはいきいきしたエネルギー感覚を伴います。責任とともに、誇りや、他者とつながる喜びがあり、調和と共に、いきいきしたエネルギーが流れます。「喜び」はサイコシンセシスのプロセスでは、一つの重要な感覚で、よいエネルギーを伴います。

なおパーソナル・サイコシンセシスとトランスパーソナル・サイコシンセシスは、便宜的に段階として分けていますが、現実には、パーソナルレベルが完了した後、トランスパーソナルレベルに進むということではありません。意識的にあるいは自然に、少しずつ、同時にまた順不同で進行し、私たちはいわば螺旋状に成長していきます。そしてpセルフが強化され、意志も発達し、トランスパーソナル領域につながっていくにつれ、よりホリスティックな人間に成長し、統合されていきます。

このようにトランスパーソナルの意志や特性が、パーソナルレベルの現実に表現されていくことが、私たちの目指す「真の自己実現的な生き方」なのです。

第7章　成長曲線で人生のプロセスをとらえる

ホール（全体）に向かう二つの軸

図7（一六九頁）は成長曲線といわれるもので、アサジオリの後継者J・ヴァーギュとJ・ファーマンが提唱した地図の一つです。サイコシンセシスでは、私たちは一生成長し続けることができると考えられます。この図はどこに向かって成長して行くのかという方向、また自己実現のプロセスの方向性を示しています。

右上の☆はホール（全体）で、成長のプロセスの方向性を表わしています。これは、アサジオリがトランスパーソナル・サイコシンセシスの目標とした、「Tセルフを中心とする人格の再構築」であり、本書で「pセルフがTセルフにつながって調和し統合されたもの、あるいはTセルフの意志を実現していく真に自己実現的なあり方」と表現されるものです。この☆ホール（全体）は、「Tセルフを中心として統合された卵形図形」、すなわち「人間としての最高のあり方」を簡略化したもの、と私は考えています。

Tセルフは、他者や世界とつながっています。世界の一員として人類の自己実現に向かって貢献していく方向性であり、Tセルフの意志が発揮される状態であると、私は考えています。

この図は、そのような☆ホール（全体）に向かう成長や自己実現のプロセスを、パーソナルとトランスパーソナルに対応する水平軸と垂直軸の、二方向への成長という視点でとらえています。従来の心理学や教育学は、パーソナルの水平方向しか扱わず、一方スピリチュアルな方向を求める人たちは、時にパーソナルの方向をおろそかにする傾向がみられます。それに対して、この図は、その両方が必要であることを視覚的に表現しています。現実的で可視的な価値に加えて、高次元の、目に見えない価値を加えた成長の方向を示しています。

この図では表現されていませんが、pセルフは、パーソナルレベルとトランスパーソナルレベルを統合していく主体であり、トランスパーソナルの成長をパーソナルレベルで現実化していく主体です。

なおアサジオリは、両方向のプロセスを含んだ真の自己実現を、Tセルフが現実化するという意味で「Tセルフの自己実現、真の自己の自己実現」と呼び、これを、水平軸のpセルフの社会的自己実現（一般に言う自己実現）と区別しています。本書で「自己実現」という場合は、前者の「Tセルフの自己実現」を指しています。

次にサイコシンセシスのプロセスを、この二方向の成長という視点で見直してみましょ

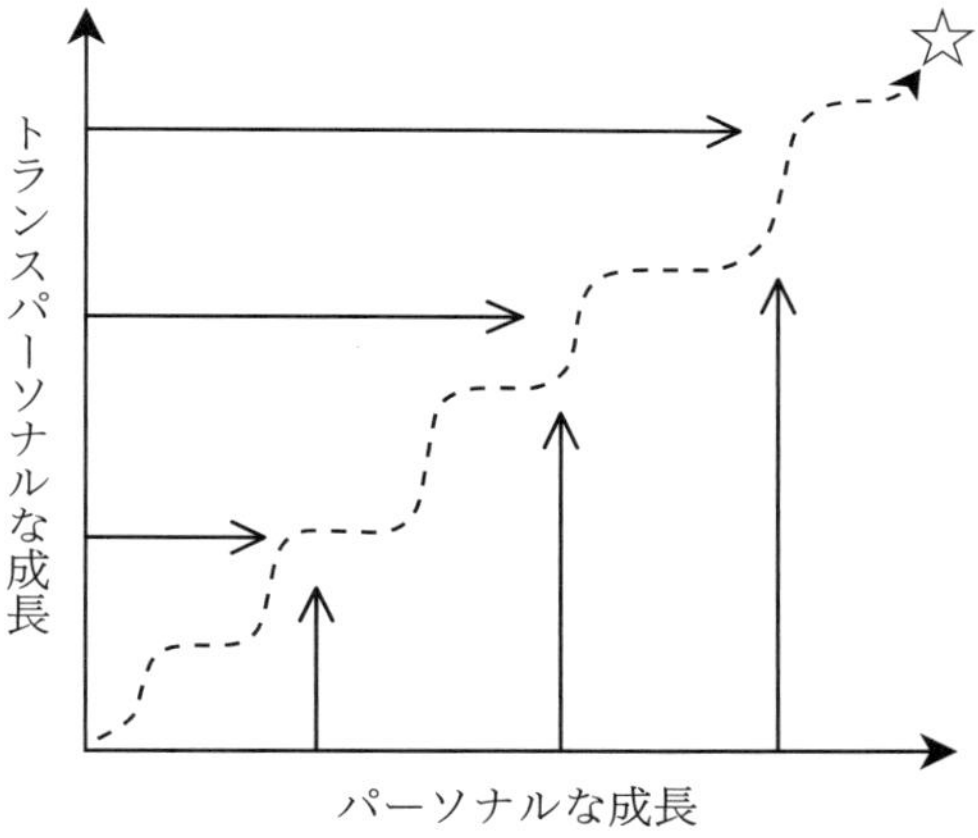

図７　成長曲線

（J・ファーマン、J・ヴァーギュによる）

う。

現代社会は水平軸

戦後、経済復興と社会の発展の中で、水平軸方向のパーソナルレベルの成長のみが強調される傾向がありました。社会的な自己実現の方向は水平軸で、これは社会適応や競争の方向です。「人並みに」、さらには「人に負けないように」という、目に見える「外の基準」に沿って、地位や名誉や財産あるいは権力などを価値としてきたのです。現実には多くの人が「自分、他者、世界」をサブパーソナリティレベルでとらえているために、成長や自己実現の方向性も、サブパーソナリティの影響を受けやすかったと考えられます。

一方、かつての伝統の中で重視されながら、戦後の日本では軽視されてきた、先祖や隣人に対する「おかげさま」という感謝の気持ちや、互いに助け合うこと、あるいは伝統的なものづくりや芸術などの感動は、見えないつながりや価値や人間の可能性を大切にする、トランスパーソナルな方向に関わるといえます。

成長の方向という視点で見ると、学問や経歴とは無関係に、自然にバランスよく両方向に成長し、自己実現しながら生きている人は、どの時代にもいます。しかし、経済的な発展を最も重視した戦後の社会では、かつての日本にあったかもしれない自然でホリスティックな垂直方向につながる生き方は、阻害されがちだったのではないかと思います。

トランスパーソナル（垂直）方向だけでは危ない

現代社会が水平軸を重視し、サブパーソナリティレベルの方向性ばかりが強調されてきた中では、垂直方向への欲求は満たされにくいばかりか、そのような欲求を持った人への受け皿もないために、危険をもたらすこともあります。

社会にうまく適応し、地位や名誉や富など水平軸の目標を達成したあと、虚しいと感じ、目に見えない価値を求めてスピリチュアリティへの関心が高まるという場合もあります。それは、水平軸では満たされず、深いトランスパーソナル領域に潜在していたホール（全体）への欲求に衝き動かされた、健全な方向性ともいえます。パーソナルレベルで自他を区別しながら競争する環境で成長し、がんばって生きてきたのちに、自然やいのち、あるいは人との本来的なつながりへの欲求が生まれたのです。癒しやスピリチュアリティへの関心は、水平軸を重んじる社会での自己不全感、危機感、虚しさ、孤独感などに対し、ホール（全体）につながりたいという、本来的な統合への欲求の現われと考えることができます。

しかし一方、社会的に未熟で不適応な人たちが、垂直軸のスピリチュアルの方向に惹かれ、現実からの逃避傾向も加わって、ニセの「スピリチュアル・リーダー」に影響されることもあります。これが昂じると、カルト事件として社会問題にもなります。その意味でも、サイコシンセシスの、スピリチュアリティを含めたホリスティックな人間観や、人間科学の視点は重要であると、私は考えています。

危機は「危険な機会（チャンス）」

この図では、トランスパーソナルの方向に成長することが、直線ではなく☆に向かう階段状に示されています。例えば病気になったり、災害に遭ったり、大切な人や地位、財産や仕事を失って日常生活が脅かされることは、一般的には危機ですが、多くの体験者が語るように、よい機会（チャンス）でもあります。危機は、人生の意味を深く理解し、Tセルフにつながった生き方を見出すために、垂直方向への成長が著しい時なのです。

サイコシンセシスの私の師であるアメリカ人から、「危機は漢字で「危険な機会」と書くそうだね」と、三十年前に言われました。危機とは、今までのパターンが通用せず、自己が揺さぶられる時です。本質的な「問い」が生まれる時であり、潜在的な可能性が喚起される機会です。アサジオリは、「たんぱく質が分解され、再合成される」という表現を使っています。私は医療現場で、死を身近に感じてそれまでのアイデンティティが揺さぶられ、見えない価値や意味に気づいたという人たちを、数多く見てきました。

また最近では、経済的に恵まれているわけではないのに、社会に貢献すべく、創造的に、いきいきとボランティア活動をしている人たちに会い、感動したことがあります。彼らの多くが、親しい人の死に直面したり大災害の体験があって、自分は変わった、そのおかげで今の自分があると語っていたことが印象的でした。個人にとっても社会にとっても、危機はトランスパーソナルの方向に、つまりはホリスティックの方向に成長するチャンスなのです。

今、日本の社会はさまざまな面で危機に直面していますが、しかしこれは、戦後の水平軸に発展していたときには見失いがちだった大切な価値や、真のアイデンティティ、自己に内在する可能性などを、深く見直し、新たに気づくことのできる機会かもしれません。

Ｔセルフの現実化のために

トランスパーソナルの方向に人生をかけようというとき、それを実現するのは現実のパーソナリティを通してです。この時、自己管理がまずかったり、バランスが悪いと、混乱をきたし、意志が有効に発揮されにくくなります。Ｔセルフの乗り物としてのパーソナリティは、調和がとれて、有効に機能するよう、パーソナル・サイコシンセシスのプロセスによって構築する必要があるのです。

これは結論的に言えば、集団サイコシンセシスの基盤として、個人のサイコシンセシスが必要であるということに通じています。

アサジオリは、「パーソナリティを超える（トランスする）には、超えるべきパーソナリティがしっかりあることが重要」であり、「トランスパーソナルの意志を持つには、パーソナルの意志が必要である」と言っています。

私たちの本質はTセルフであって、トランスパーソナルの方向への気づきや成長なしに、真の自己実現はありえません。一方、それを実現するには、Tセルフの乗り物としてのパーソナリティの成長と、気づいた上で意志を発揮する主体であるpセルフの強化が前提として必要です。トランスパーソナルの特性やエネルギーは、pセルフの意志によって現実に生かされなくては意味がありません。そうでなければ、むしろ危険なのです。トランスパーソナル・サイコシンセシスの前提として、パーソナル・サイコシンセシスが必須なのです。

医療やビジネスにおけるサイコシンセシスの実践者であり著述家でもあるD・ラッセルは、「パーソナリティレベルでの統合の先に、さらにトランスパーソナルの方向に行く可能性が生まれてくる」と述べています。

そういう意味では、ある年齢までは発達段階に沿って、心・身・知や心理の諸機能のバランスを見据えながら、パーソナリティレベルでの成長に取り組むことが必要ですが、ただ、それはあくまで真の自己実現への一段階であり、それが進むべき絶対的な方向だと勘違いしないことが重要です。また、パーソナリティの構築が不十分な時に、トランスパーソナルへの希求を感じることも当然あると思います。その時、トランスパーソナルの方向性をパーソナリティより優れているととらえることには、注意がいると思います。「水平か垂直かのいずれか」、「あれかこれか」の二者択一ではなく、どちらの方向へも成長し、それらをより高い次元で包括して、ホール（全体）に向かって統合していくことが大切なのです。

この二つの方向は、どこかで切り替わるものではなく、いわば螺旋状に成長し、より包括的で大きなホール（全体）になっていきます。そのために、気づきと意志を発揮して統合の主体となるｐセルフを強化することと、その表現としての意志が重要になります。

社会、人類のサイコシンセシスのために

成長曲線は個人としてだけでなく、集団としての成長の方向をとらえる上でも役立ちます。「私たちの社会、そして日本という国、さらに世界は、どの方向に向かっているのか」、「どこに向かっていけばよいのか」、「それにはどういう課題があるか」という、集団の「アイデンティティと意志」に気づき、現代社会の問題や今後の方向性を考える上で、成長曲線は有用だと私は考えています。個人や集団が☆ホール（全体）に向かい、その意志が人類の自己実現に貢献する方向に向かっている、人類のサイコシンセシスの方向性を示していると思います。

第8章　多彩な技法の意味と使い方

実用的な多くの技法

人間性心理学やトランスパーソナル心理学の専門家であるA・マズローは、「サイコシンセシスは私の理論を実践に結びつける上で役立つ」と言っています。アサジオリは、独自の理論による人間や世界の「とらえ方（認知）」の仮説として「地図」を考案しました。彼は、サイコシンセシスが統合的で科学的であると同時に、現実を改善する上で実践的であることも重視しました。実用的であることは、サイコシンセシスの重要な特徴です。

アサジオリは、サイコシンセシスのプロセスにおいて、有効で変化をもたらす実用的な技法を数多く開発しました。技法の多彩さとその有効性は、サイコシンセシスの特徴です。サイコシンセシスで開発され発展してきたイメージ療法やイメージトレーニング、イメージ面接、シンボルイメージの技法が広く普及したために、「イメージ技法がサイコシンセシスである」と誤解されたり、技法の多彩さのために折衷的であると誤解されたりすることもあります。

その多彩な技法の詳細を紹介することは、本書の目的ではありません。むしろ、それらの開発と活用の意図や、根底にあるヴィジョン、技法を目的に向かって体系的に使っていくための原則、支援者としての原則や、技法に対する「態度」が重要なのです。そこで、これらの技法活用の原則と、支援者の態度に関する原則について説明します。

今、私たちの身近には、成長や自己実現に関わる細分化された多彩な技法や、その専門家がいます。そのいずれもが、パーソナル・サイコシンセシスやトランスパーソナル・サイコシンセシス、あるいはグループ・サイコシンセシスのプロセスの一部分を支援していると考えることができます。言い換えれば、それらを自分で、目的や状況に応じてサイコシンセシスのプロセスを進めるために活用することができるわけです。技法はあくまでプロセスを促進するために使うものであり、技法自体にとらわれないよう注意することが必要です。

技法活用の原則

アサジオリは技法に関する原則として、以下のものを挙げています。

1　多彩な技法を活用し、特定の技法に同一化しない。
2　技法を統合的にとらえ、状況に応じて多彩な技法を的確に、有効に、体系的に使う。
3　それぞれの技法の有効性や限界などを知る。
4　技法以上に、援助者の個性、援助者への信頼と、本人との関係性が重要である。
5　生涯のプロセスを続けるようｐセルフを喚起し、育成し、自立を援助する。

これらを基本として、アサジオリの言葉を引用しながら、技法に関するサイコシンセシスの態度や実践上の原則を見ていきましょう。

特定の技法に頼らない

1　多彩な技法を柔軟に活用し、特定の技法と同一化することを防ぐ。
サイコシンセシスの仮説理論は、原則として自分自身が実践し、実際のプロセスを通して検証しながら理解していくものであり、プロセスを促進するものであれば、技法や方法は「開かれていて自由」だと、アサジオリは述べています。サイコシンセシスはホリスティックな人間観を基盤とし、人間のどのレベルの体験も尊重し、すべてを統合へのプロセスととらえるので、入り口は個人や状況に合わせてどこであってもよいと考えます。技法も当然、いろいろな工夫が可能で、多彩になります。

とはいえアサジオリは、「技法はあくまで道具であり、道具は修正可能なもの」、「技法自体は役立つこともあればそうでないこともあり、時には害を及ぼすこともある」として、その限界をよく見極め、適切に用いることを重視しています。そして、「技法に同一化して、とらわれたり振り回されたりしないよう」警告し、そのためにも、目的や状況に応じて多彩な技法を体系的に使うことを奨励しているのです。

彼は、「技法が多様であること自体が、特定の技法を不適切に重視することを防いでいる」、「常に統合的精神が追求されているため、部分が全体へと関連づけられるので、この危険を免れうるだろう」と述べています。それぞれ特徴的な技法の多い心理療法の中にあって、多彩であること、統合的精神で目標に向かって体系的に用いることで、限界のある技法に同一化して振り回される危険性を回避するのです。

2　多彩な技法を的確に体系的に使う

技法を統合的にとらえ、究極の目的に向かって、状況に応じて、多彩な技法を的確に、有効に、体系的に使うことを重視する。

大切なことは、技法を何のために、どう使うかということです。アサジオリは、「応用可能なありとあらゆる積極的な技法を体系的に用いる、つまり、明確に描き出された目標に向かって、特定の計画に基づいて諸技法を用いる」と述べています。「明確に描き出された目標」についてアサジオリは、「心理療法の究極の目的は、Tセルフのエネルギーを解放すること」であり、「人類のサイコシンセシスを目指す」ことだと述べています。つまり、Tセルフのエネルギーの解放という個人のサイコシンセシスを、人類のサイコシンセシスに向けた集団サイコシンセシスにつなげていくというのです。

心理のエネルギーというアサジオリのとらえ方はすでに説明しましたが、これはプロセスや技法を考える上で重要です。アサジオリは抑圧された否定的エネルギーを解放し、創造的なエネルギーへと昇華する一方で、トランスパーソナルのエネルギーを喚起し、活用するために、心理の諸機能とエネルギーの関係を意識的に活用し、技法を応用したのです。

このプロセスで、気づいた要素や意志で選んだ方向が自分にとって持つ意味を探るうえで、エネルギーの流れや波動の大きさなどを感じることが大切だと、私は思います。良い感じであれば、それは自分にとって下位無意識からの解放や、トランスパーソナルの方向を選んでいるのです。すでに心理の諸機能でふれたように、これは五感を使って自分の中に答えを探ることです。その前提として、エネルギー感覚を含む感覚を鋭敏にすることが大切です。サイコシンセシスには、これらの感覚やイメージや直観を開発し、育成する技法もあります。

アサジオリは、多彩な技法の独自性を尊重しつつ、それらの高次元での統合を目指しました。例えばストレスを感じている人にはリラクセーションや自律訓練、ヨーガなどを勧めています。パーソナリティの乗り物の視点から見ると、まず身体からのアプローチです。それにより身体への感覚が鋭敏になり、エネルギーが流れ、意識と意志を使うことでpセルフが喚起され、次のプロセスに進むことができるようになります。アサジオリとその継承者たちは、このような原則のもとに古今東西の技法を応用すると共に、心理の法則を活用して有効な方法を独自に開発していったのです。

アサジオリ自身はヨーガの実践者でした。以下に紹介する彼の言葉は、東西の統合を目指しています。「東西の知恵の統合がよい。特にインドのヨーガなどは、西洋の精神療法や心理トレーニングに統合することができるだろう。現代の様式や状況に合うよう工夫すれば、外的環境や身体の健康を改善するとともに、新たな「生きる技・芸術（アート）」という、あらゆる技の中で最も偉大なものを発展させることができるだろう」。

大切なことは、目的や状況に応じて的確に、有効に、体系的に技法を使うことです。ここにも、サイコシンセシスの実践的で統合的な態度がうかがえます。

技法の有効性と限界

3　それぞれの技法の有効性、限界、適応、禁忌などを知る。

このように技法を用いるとき、有効性や限界や禁忌などを知って、適切に使うことが重要です。

今、一般の方々の関心をよんでいる心理の技法の中には、厳密な原則や適切な指導がないまま使われ、問題を起こすものもあります。例えば夢分析の講座で、文字通り夢中になるあまり、日中は眠くて家事も育児もおろそかになっている主婦に会ったことがあります。これなどは、援助者の指導が欠如したまま、本人が技法に同一化して振り回され、技法が害を及ぼしている例といえます。一般人に対して、明確な方針がないまま技法を使ったり広めたりすることは、科学的な態度に反するだけでなく、時に人道的・社会的観点からも問題になります。

アサジオリは、精神科医として科学的かつ臨床的に取り組んでおり、各技法の紹介にあたっては、理論的根拠、適用と応用の仕方、限界と禁忌を、一般的な医学的手順に沿って説明しています。彼は、「セラピスト（援助者）は、現在のありとあらゆる技法を十分に活用しながらも、技法それ自体は本質的に十分なものではないこと、時には害にもなることを常に頭に入れておかなくてはならない」と言っています。ここにも、技法に対するサイコシンセシスの科学的態度が現われています。

援助者（ガイド）との関係

4　技法活用の前提となる援助者（ガイド）の基本的態度、援助者と当事者の関係（ラポール）が重要。

多彩な技法を目的に応じて有効に活用できるかどうかは、セラピストやカウンセラーなど援助者しだいのところがしばしばあります。援助者が支援する場合、技法以上に、援助者自身の態度やモデリング（手本となること）、そして援助者と当人の関係性（「ラポール」といわれる）が重要です。「この関係自体に癒しや治療の効果がありうる」と、アサジオリは言っています。

この援助者の態度の問題は、セラピストやカウンセラーだけでなく、親、教師、友人、上司、コーチなど、成長のプロセスを支援するすべての人にあてはまる、と私は考えています。サイコシンセシスでは二十世紀前半の開発当初から、援助者と当事者の協力関係および相互作用によって、意識的かつ計画的に人格の再構築や再創造を行なうことをしてきました。アサジオリによれば、サイコシンセシスのプロセスにおいては、援助者と当事者の「生きた交わりに、中心的な意義と決定的な重要性がある」のです。

アサジオリは「サイコシンセシスは、自分、他者、世界に対する態度を肯定的にする」とくり返し述べています。そして援助者自身のセルフ・サイコシンセシスを重視します。これにより、援助者自身のｐセルフと意志が育成され、主体的になり、自己イメージも上がり、自尊感情も高まります。Ｔセルフにつながるｐセルフの態度も育成されます。これにより、他者を真に受容し、尊重できるようになります。そして、自分のアイデンティティや、他者、そして世界・ものごと、人生をどうとらえるかという、認知の仕方が変わることが、「自分、他者、世界に対する態度」を肯定的にします。このプロセスを通して、支援者はサイコシンセシスの卵形図形や、自己実現へのプロセスの地図を手に入れることができ、そのことが他者を支援していく基盤になるのです。

知識と技法の基盤に、援助者自身の「自分、他者、世界に対する肯定的態度」という、人としての態度が必要なのです。

一九五〇年代になって、精神科医Ｍ・バリントが、「医師‐患者」関係の重要性を強調し、またＣ・ロジャーズ以後、「来談者中心」といわれる当事者中心の考えが広まり、カウンセラーに限らず、親や教師自身の生き方の重要性が強調されるようになりました。これらのことを考えると、援助者の態度要素と当事者との関係を重視したアサジオリの先見性がわかります。

自分自身でプロセスを進める

5　自分自身でサイコシンセシスのプロセスを続けられるようpセルフを喚起し、育成し、自立を援助する。

サイコシンセシスでは、pセルフが喚起され育成されてからは、自分自身がpセルフを要(かなめ)として、Tセルフにつながる意識でプロセスを進めるのが基本であることを述べました。援助者との関係は、先にプロセスの章で述べたように、pセルフの成熟によって三つの段階に分けられ、pセルフが主体となって自己実現のプロセスを一生続けていくことになります。

pセルフが主体となってからは、Tセルフはpセルフにとって、最高の内なるガイドです。pセルフは、ふだんからTセルフやその意志とのつながりを強化し、現実にその特性やエネルギーを活用できるようにしながら、自分の中のさまざまな要素と向き合うことが求められます。

無意識と意識の双方向のコミュニケーション

自分の中に答えを探るためには、無意識とのコミュニケーションが重要です。そのためには知的、言語的アプローチだけでなく、非言語的コミュニケーションが重要であることは、第1章で述べました。イメージや直観、シンボルなどは、知性のレベルを超えた統合的なものと考えられていて、無意識とのコミュニケーション手段として、好んで使われる方法です。サイコシンセシスでは、イメージ、直観を訓練する技法もあります。また、無意識から答えを得て気づくだけでなく、無意識から得た答えをパーソナリティに生かすことも、サイコシンセシスでは重要です。

なお、アサジオリは技法を、「分析的」なもの、「喚起的」なもの、「暗示的」なものの三つに分類しています。これについて私は、次のように考えています。サブパーソナリティレベルで自分のアイデンティティを認識し、衝動や欲求（ニーズ）、サブパーソナリティの意志など、下位無意識に振り回されている現実に光を当てるのは分析的技法。これに対して、pセルフや意志、トランスパーソナル領域のTセルフや意志、その特性やエネルギーなど、潜在的なリソース（資源）に気づくためのものは喚起的方法。そして、気づきを統合し、現実に生かしていくための統合的なものは暗示的方法、というふうにとらえています。暗示的技法は、Tセルフの意志や、喚起したトランスパーソナルの特性を育成し、望ましい状態を実現しやすくする技法です。このように、積極的に無意識や身体に働きかける暗示的技法を使うこともサイコシンセシスの特徴です。

サイコシンセシスでは、心理の法則を使った「巧みな意志」を活用するイメージやシンボル、直観を使う技法など、多くの技法があります。例えば、現在ではスポーツの世界などで有名なイメージトレーニングは、望む結果を得たつもりのイメージを使う技法で、これは意志を無意識に伝える暗示的技法です。二十世紀はじめの精神医学や心理学は、ほとんどが分析的技法だったので、これらの技法はアサジオリが開発したのです。また一つの技法の中で分析的、喚起的、暗示的技法が組み合わされることもあります。

日常生活でできるエクササイズ

最後に、みなさんが日々の生活の中でできるエクササイズを紹介します。

［感性を鋭敏にする］

例えば朝目覚めたときに、「うーん」と伸びをしたり、布団やベッドから出てカーテンを開けたりしますね。起きてまず行動するときに、その動いている身体を意識してみてください。伸びをしたときの上半身の感じ。床を踏む足の裏の感じ、顔や手足の動きなど、意識をそこに向けてみてください。肌に触れる空気の感じ、服を着るときの手の動きや身体の感じ、靴下をはくときの足の感触。五感を鋭敏にすべく、聴覚、視覚、嗅覚、味覚などを意識してみてください。そうして身体の中を流れるエネルギーの感覚に意識を向けてください。

［ｐセルフに気づく］

ふと一人の時間ができたとき、家事や仕事の合間に、短い時間でよいので目をつぶり、自分の内側を覗いてみてください。そしてそこにある何かに気づいたら、前に述べたようにそこから脱同一化してください。このとき自分のサブパーソナリティに気づいて、ユーモラスな名前を付けるのは、これを気軽にくり返し続けるのに役立ちます。くり返しながら、その「気づいている主体ｐセルフ」に気づいてください。さらに、それらに気づき、方向づけることのできる「意志の主体ｐセルフとしての自分」に気づいてください。

［人と出会うとき］

人と会うとき、自分の姿勢や呼吸などに意識を向けながら、ｐセルフを意識してみてください。そして別れた後で、自分のコミュニケーションのパターンを意識しながら、そのとき現われるサブパーソナリティに気づくよう意識してみてください。これは他人とのコミュニケーションを円滑にする上で、たいへん有効な方法です。

［意志を使うことを意識する］

何か行動をするとき、自分は自分の意志で××をする、と言葉にして言ってみる。これは口に出してもいいし、心の中で言ってもかまいません。はっきりと言葉にすれば、ふだんは惰性でやっていることでも、自分しだいでやめられることもあるのに気づくでしょう。この方法は、気づいた上で意志を発揮するpセルフを育成し、生活習慣病の予防などには非常に有効です。

［感覚を使って感謝する］

毎日あたりまえに行なっていることでも、今日やったことで感謝できることを探してみてください。そんなことめったにないなあ、と思われる方が多いかもしれませんが、これは特別なことではありません。例えば、健康で食事ができることは、ふだんはあたりまえのこととして意識しない方が多いでしょう。でも食事は、味覚、触覚、嗅覚など多くの感覚を使います。それを意識してやってみてください。食事は、感覚を意識しながら感謝するのに最もふさわしいものです。

寝る前に一日を振り返り、よかったできごとや、家族や周りの人に感謝できることを探してみてください。これはとても大事なことであり、良い習慣です。口に出して言ってみるともっと良いです。ストレスの最大の妙薬は感謝なのです。

いかがでしたか。本書ではサイコシンセシスの全体を初歩から説明しました。いつか、さらに応用的で実践的なサイコシンセシスをご紹介してみたいと思います。そして機会があれば、社会や人類全体に及ぶサイコシンセシスの考え方と、そこに至るための技法を紹介したいと願っています。

おわりに

私たちはいま、これまでにない大きな不安の時代を生きています。国内的には、極端なスピードで進む少子高齢化、貧富の差の急激な拡大という、将来を脅かす問題があり、世界的にはグローバル化した経済の大波に翻弄されています。特に若い世代の方ほど、将来の自分の暮らしや社会における姿が思い描けない、という時代になっています。

そういう時代に、私たちはどのように生きればよいのでしょう。外の世界に頼るべき足場がないとすれば、まず自分自身を鍛え確立することから始めるほかありません。そしてそれは、たいていの教育者や識者、宗教家といった人たちが言うことでもあります。

「まず自分自身を見つめなさい」

「外に青い鳥を求めるのではなく、自分のなかに価値を見つけなさい」

と。

しかしそう言われただけで、自己を見つめ、しっかりと自己実現に向かって踏み出せる人がどれほどいるでしょう。

アサジオリのサイコシンセシスは、「私たちのあり方」を変えることによって、個人が自己実現的に生きられるようになり、そのことが日本の危機を回避し、ひいては世界の平和と安定に寄与する可能性があるということを、順序だてて説いたものです。私たちが自己を見つめ、真の自己実現を目指して生きる方法を、具体的に説明したものです。

本文でも述べたように、サイコシンセシスは、私自身が迷って生きてきたなかで、これを学んで実践することにより、自分の人生を作り上げる糧となりました。医療のあり方に迷っているとき、これを知って、患者さんたちと正面から向きあうことができるようになりました。サイコシンセシスは、医師の仕事をする上でも、個人として生きる上でも、最良のガイドになったのです。

生活習慣病はもちろんですが、その他のどんな病気も、急性や重症でなければ、病気の全体像を大まかに把握し、医師の指導を得て定期検査や服薬などで健康管理していくことになります。このとき、本文で述べた健康や病気に関する自分自身の認知（とらえ方・信念）やサブパーソナリティなどにも気づいた上で、「意志の主体pセルフ」として主体的に取り組むことが、非常に重要になるのです。

日本人の三大死因であるがん、心・血管障害、脳・血管障害は、三つとも生活習慣の改善が予防の決め手です。けれども、医者にお任せの今までの医療のあり方や、自分の中の否定的な要素に向き合わないパターンを放置しておいては、いくら健診を受けてもなかなか効果を上げられません。
いかに主体的な健康管理の「態度」を引き出し、動機づけを支援し、「巧みな意志」（本文参照）を活用して有効な変化をもたらすかが、健診における医療者の大事な役割なのです。そしてこの「態度」は、広く生き方そのものに応用できるものだと思います。

私たちは、内にすばらしい可能性を秘めています。本文で述べたように、私たちの否定的な要素の中にも、その種子は隠れています。それを実現させようとするとき、本書で紹介したサイコシンセシスの地図とプロセスは、大きな役に立ちます。私たち一人一人が自己実現を目指して生きられるよう、そして社会に、世界に貢献していけるよう本書を役立てていただければ、著者としてこれ以上の喜びはありません。

平松園枝

二〇一一年一月二十五日

サイコシンセシスを知るための本

A　平松園枝の著作物

シリーズ「サイコシンセシス叢書」全4冊（いずれも国谷誠朗と共訳、誠信書房）
1『意志のはたらき』（R・アサジョーリ著、一九八九）
2『無条件の愛とゆるし』（E・R・スタウファー著、一九九〇）
3『内なる可能性』（P・フェルッチ著、一九九四）
4『サイコシンセシス―統合的な人間観と実践のマニュアル―』（R・アサジョーリ著、一九九七）
『愛することを選ぶ―自分を解放していくセルフ・ガイド―』（E・キャディ／D・R・プラッツ著、国谷誠朗と共訳、誠信書房、一九九八）
『花開く自己―カウンセリングのためのサイコシンセシス―』（M・Y・ブラウン著、国谷誠朗と共訳、誠信書房、一九九九）
『人間性の最高表現―その輝きを実現した人びと―』上・下（P・フェルッチ著、手塚郁恵と共訳、誠信書房、一九九九）

『子どもと親と教師のためのやさしいサイコシンセシス』(E・D・フューギット著、手塚郁恵と共訳、春秋社、一九九二)
『イメージと音楽による　サイコシンセシス入門―自分への気づきと統合―』(ライフ・プランニング・センター、一九九七、改定版・二〇〇〇)
『好きな自分、嫌いな自分、本当の自分―自分の中に答えがみつかる方法―』(大和出版、二〇〇一)
「自分らしく選ぶために」(『〈こころ〉の定点観測』所収、なだいなだ編著、岩波新書、二〇〇一)
「サイコシンセシス」(『ホリスティック教育ガイドブック』所収、日本ホリスティック教育協会編、せせらぎ出版、二〇〇三)
「ロベルト・アサジオリ」(同右)
『喜びの教育―サイコシンセシス教育入門―』(D・ホイットモア著、手塚郁恵訳、平松園枝解説、春秋社、一九九〇)
「統合的医療における意志のはたらき」(平松園枝による解説、『自己治癒力の医学―実録・イメージ療法の勝利―』所収、G・ポーター／P・A・ノリス著、上出洋介訳、光文社カッパ・サイエンス、一九八九)

B　平松園枝のテープ、CDなど

朝日カルチャーセンター講座カセット「サイコシンセシス入門」（朝日新聞社、全4巻、一九九〇）＊二〇一一年度、朝日カルチャーセンター講座「サイコシンセシス」開設予定

絵本『イルカが教えてくれたちいさな幸せの見つけ方』（L・A・ハックスレー著、M・スチュアート絵、平松園枝訳、大和書房、一九九八）

CD「誘導イメージと音楽による　心の別荘」全三巻「草原編」「木もれ陽編」「朝焼けの海編」（平松園枝作成、エピックソニー、一九九〇）

C　サイコシンセシス関連書籍

『未来のママとパパへ。』（P・フェルッチ／L・A・ハクスレー著、中川吉晴訳、ヴォイス、一九九五）

『子どもという哲学者』（P・フェルッチ著、泉典子訳、草思社、一九九九）

『トランスパーソナル心理学』（岡野守也著、青土社、一九九二、増補新版・二〇〇〇）

『会社を見なおす、自分を見なおす―自己確認からの経営観の再構築―』（福田英敏著、福田経営研修センター〈現、タックス・マスター〉、二〇〇〇）

平松園枝（ひらまつ　そのえ）

1944年生まれ。女子学院高等学校卒業、国際基督教大学、アメリカ留学を経て、70年、京都大学医学部卒業。京大病院、虎ノ門病院を経て総合内科専門医。ライフ・プランニング・センター、財務省診療所などで外来診療、健診にあたる。この間、東大病院心療内科で研修。2005〜09年、聖路加国際病院予防医療センター長。現在、同病院クリニカルアドバイザー、三菱化学メディエンス人事顧問。
サイコシンセシス関連以外の著作に「予防医学」（『卒後臨床研修ガイドブック』所収）、「健康診断、人間ドックのための禁煙サポート」（『禁煙科学』所収）、『病院の検査まるわかり事典』（日野原重明監修、平松園枝共同編集・分担執筆）ほかがある。

サイコシンセシスとは何か
―自己実現とつながりの心理学―

二〇一一年三月五日　初版第一刷発行

著　者　平松園枝
発行者　中嶋　廣
発行所　株式会社トランスビュー
東京都中央区日本橋浜町二−一〇−一
郵便番号一〇三−〇〇〇七
電話〇三（三六六四）七三三四
URL http://www.transview.co.jp
振替〇〇一五〇−三−四一一二七

印刷・製本　中央精版印刷

ISBN978-4-901510-96-7 C1011